콜센터 이야기
고객과의 귀맞춤

콜센터 이야기
고객과의 귀맞춤

초판 1쇄 발행 2023년 6월 22일

지은이 송혜은
펴낸이 장길수
펴낸곳 지식과감성#
출판등록 제2012-000081호

교정 김서아
디자인 이은지
편집 이은지, 정윤솔
검수 김지원, 이현
마케팅 정연우

주소 서울시 금천구 벚꽃로298 대륭포스트타워6차 1212호
전화 070-4651-3730~4
팩스 070-4325-7006
이메일 ksbookup@naver.com
홈페이지 www.knsbookup.com

ISBN 979-11-392-1160-3(03320)
값 15,000원

- 이 책의 판권은 지은이에게 있습니다.
- 이 책 내용의 전부 또는 일부를 재사용하려면 반드시 지은이의 서면 동의를 받아야 합니다.
- 잘못된 책은 구입하신 곳에서 바꾸어 드립니다.

지식과감성#
홈페이지 바로가기

고객응대 현장 지침서

콜센터 이야기
고객과의 귀맞춤

지은이 **송혜은**

상담을 잘하고 싶은 상담사와
콜센터를 진정으로 사랑하는 중간 관리자를 위해

목차

추천의 글   7
시작하며   9

I. 상담사에게   19

하이터치 콜센터
- 콜센터가 변했다   21

헝겊 엄마 vs 철사 엄마
- 접촉 위안이 배제된 고객상담의 가치는?   22

공감을 만들다
- 효과적인 호응의 3요소   27

모두를 신나게 하는 리액션
- 리액션이 고객상담에 미치는 영향   33

대화 속 공간을 찾는 경청
- 고객의 말과 감정을 온전히 들으려면?   37

거울이 간직한 비밀
- 상담 중 말과 표정 일치시키기   41

상담 실명제, 나의 이름은
- 내 상담에 자신감 갖기   48

관찰의 힘
- 고객을 진심으로 이해하는 법   56

고객 중심 설명법
- 원활한 소통을 위한 4가지 설명법   60

표면 행위 vs 내면 행위
- 고객의 마음을 헤아리는 법   67

고객의 언어
- 상담에 적합한 표현 찾기   75

작은 것들의 힘
- 고객 만족을 결정하는 사소한 습관   79

상담사의 리추얼
- 효율 높은 상담사의 하루   85

성과 관리
- 계획하고, 기록하고, 지속하기   92

신입 상담사에게
- 갈팡질팡 신입사원 적응기   96

II. 중간 관리자에게   109

중간 관리자의 진정한 가치
- 기-승-전-리더이다   111

당신 옆의 그 의자
- 소통하는 리더가 되려면?   114

리더십의 시작, 공감
- 리더가 공감 능력이 없으면 벌어지는 일   118

공정한 리더 VS 공정한 척 착각하는 리더
- 중간 관리자는 언제, 어떻게 개입해야 할까?   124

합리적인 예스
- 상부의 지시를 현장에 효과적으로 적용하려면?   129

언제까지 돌려 말할 건데?
- 피드백이 필요한 이유   133

교육, 결정적 시기
- 콜센터 교육 기획부터 강의까지   137

모니터링 평가의 이해
- 일관성 있는 상담 품질을 유지하려면?   146

코칭의 모든 것
- 코칭 전, 코칭 중, 코칭 후   152

하이브리드 리더십
- 다양한 공간에서 효과적으로 소통하는 법   166

III. 고객에게   171

사랑의 콜센터
- 상담사의 지친 마음을 알아주세요   173

버티게 하는 힘
- 따뜻한 말 한마디가 만들어 내는 기적   176

내 귀에 캔디
- 건강한 대화 문화 정착을 위한 외침   181

IV. 경영자에게   187

상담사의 마음 관리
- 상담사의 마음에 투자해야 하는 이유   189

콜센터의 주인공
- 콜센터 핵심 자산은 상담사이다   194

마치며   200
참고문헌   201

추천의 글

최근 몇 년간 코로나-19를 겪으면서 만약에 기업이나 정부에 '콜센터가 없었더라면' 우리는 이 시기를 어떻게 견뎌 냈을까? 라는 질문에 대한 대답은 콜센터가 이제 '기업 그 자체이자 종합 상황실'이라는 점을 웅변해 주고 있다. 이 책은 디지털화 시대에 고객 경험의 최일선에 있는 콜센터의 역할이 어떻게 변화해야 하는지를 구체적으로 보여 주는 나침반과 같은 책이다. 콜센터 현장에서 저자가 직접 체험한 생생한 사례를 통해 고객과 '귀높이'를 맞추는 데 실제적인 해답을 제공해 주고 있기 때문이다. 콜센터 상담사뿐만 아니라 경영자, 관리자, 서비스 전문가의 필독서라고 믿어 의심치 않는다.

- 숭실대학교 경영대학원 겸임교수
《디지털 고객은 무엇에 열광하는가》 저자, 장정빈

그 누구에게도 콜센터 상담사의
몸과 마음을 힘들게 할 권리는 없습니다.
상담사가 더욱 귀하여 여겨지길 바랍니다.

시작하며

여러분은 신용 카드를 분실했을 때, 사용 중인 제품이 고장 났을 때, 운전 중에 차가 멈춰 섰을 때, 서비스 이용 중에 불만을 접수할 때 가장 먼저 어디를 찾으시나요?

네, 바로 그 회사의 콜센터로 전화할 것입니다.

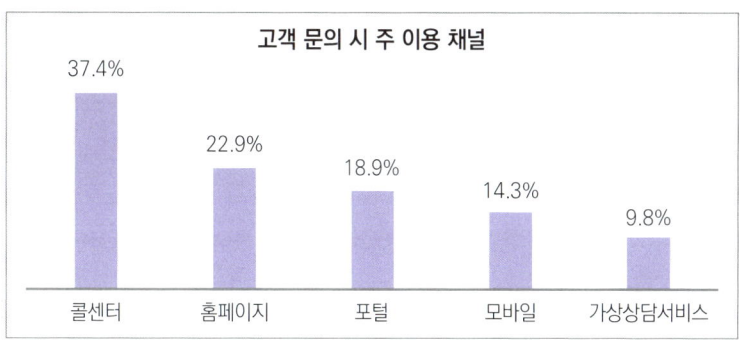

*출처: 2019 Korea Contact & Communication Conference

콜센터, 홈페이지, 모바일, 챗봇 등 많은 소통 창구 중 궁금한 일이 생겼을 때 고객들이 가장 많이 이용하는 채널은 콜센터라고 답변했습니다. 특히 금전과 관련된 업무, 불만, AS 신청과 같이 중요한 업무는 콜센터에서 압도적으로 많이 처리하고 있습니다.

기술이 발전하고, 시대가 바뀌어도 콜센터는 여전히 비대면 업무의 중심에 있는 것입니다.

다양한 디지털 기술의 발전으로 인해 콜센터의 역할도 조금씩 바뀌고 있는데, 그동안 상담사가 해 왔던 업무 중 단순 업무는 기계가 분담하고, 복잡하고 중요한 업무는 상담사가 하도록 변화하고 있습니다. 이에 따라 자연스럽게 상담사도 역할의 변화를 요구받고 있습니다.

인간은 기본적으로 변화를 싫어합니다. 하지만 세상이 콜센터에 요구하는 역할은 나날이 다양해지고 있는데 콜센터는 이러한 변화를 모른 척하며 흐린 눈을 뜨고 있는 건 아닌지, 그래서 어제와 같은 오늘을 반복하고 있는 것은 아닌지 되돌아볼 시기입니다.
변화를 막을 수는 없습니다. 적응해야 합니다. 하지만 변화하고, 적응하는 과정에서 꼭 기억해야 할 것이 있는데, 바로 고객상담의 본질과 상담사의 마음입니다.

고객상담의 본질, 공감
누군가와 대화를 한다는 것은 정신적으로, 육체적으로 많은 에너지가 소모되는 일입니다.
친구와 수다를 떨어도 피곤할 때가 있는데, 고객과 상담사 간 대화에 엄청난 에너지가 소모되는 것은 당연한 일이겠지요.

여기서 눈여겨볼 부분은 에너지 소모가 결코 상담사에게서만 일어나는 일은 아니라는 것입니다. 분명 고객도 상담사와 대화를 하며 많은 감정 소모를 하게 됩니다. 그런 감정 소모를 줄이고 신속하게 업무를 처리하도록 기업에서는 다양한 AI 상담 채널을 마련해 놓고 있습니다. 그럼에도 불구하고 고객은 여전히 상담사 연결 버튼을 누르고 싶어 합니다.

왜 그럴까요?

물론 아직 디지털 환경이 낯설기 때문에 익숙함을 찾아 상담사와의 통화를 선호하는 이유도 있겠지만 결국은 공감, 즉 접촉 위안을 느끼기 위해 인간과의 통화를 원하는 것이 아닐까요?

고객은 본능적으로 문제 해결만큼 감정 해결을 원합니다. AI 기술이 아무리 발전한다고 해도 고객과 상담사 사이에 흐르는 여러 가지 감정의 변화와 고객의 호흡을 통해 전달되는 미묘한 뉘앙스의 차이는 인간만이 느끼고 반응할 수 있습니다. 그렇기 때문에 기술이 발전할수록 상담사의 공감 능력은 고객의 감정 해결을 위한 핵심 가치가 되어 가고 있습니다.

챗GPT의 등장으로 인해 인간이 가지고 있는 지식이나 기술은 인공 지능이 대체할 수 있으나, 상대방에 대한 공감과 같은 태도는 대체할 수 없다는 것이 명확해지고 있습니다.

상담사가 고객과의 상담에서 발휘하는 공감 능력은 엄청난 역량인 것입니다.

상담사의 마음 관리

인간의 뇌가 불확실성에 취약하다는 것을 모두 알고 있을 것입니다. 소설가 H.P.러브크래프트는 '인간이 느끼는 강력하고 오래된 감정은 공포이다. 그중에서도 가장 강력하고 오래된 공포는 미지의 존재에 대한 공포이다.'라고 말했습니다. 그만큼 인간은 예측할 수 없는 상황을 정말 싫어하고 두려워합니다.

그런데 그거 아세요? 콜센터 상담사는 전화를 받는 매 순간 이런 불확실성을 안고 업무를 한다는 것을요. 어떤 고객일지도 모르고, 고객이 무슨 말을 할지도 모른 채 상담을 시작합니다. 그것도 고객이 눈에 보이지 않는 상태로 말이죠.

저는 처음 상담사로 고객과 상담을 할 때 느꼈던 공포를 아직도 기억하고 있습니다. 전화벨이 울려서 상담 시작 버튼을 눌러야 하는데 너무 두렵고 무서워서 버튼을 못 누르겠더라고요. 그렇게 한참을 덜덜 떨고 있다가 선배 상담사에게 등짝을 맞기도 했습니다.

이렇게 불확실성이 주는 공포에 노출된 상담사는 스트레스를 많이 받을 수밖에 없습니다. 그리고 그 위에 고객의 괴롭힘, 언어폭력, 악의적인 컴플레인 등으로 인한 스트레스가 더해지는 것입니다.

최근 들어 전화 통화에 거부감을 느끼는 일명 콜-포비아를 겪고 있는 사람이 점점 늘어나고 있습니다. 이들은 특히 전화를 받기 전 높은 긴장과 불안을 느낀다고 하는데, 상담사도 마찬가지입니다. 상담사는 그 공포 상황에 익숙해지는 것이 아니라 그저 받아들이고 통화 시작 버튼을 누르는 것입니다. 그 버튼을 누르면서 상담사의 감정도 같이 눌러 버리지요. 쌓여 가는 긴장과 불안의 감정은 절대 만만한 것이 아닙니다. 누르고 누르다 보면 분명히 부작용이 발생합니다. 이러한 부작용이 반복되고, 상담사가 자신의 감정을 잘 관리하지 못하면 결국 심한 우울증, 성과 포기 또는 퇴사로 연결될 수밖에 없습니다.

상담사 정착률은 콜센터의 건전성을 알려 주는 중요한 지표 중 하나입니다. 상담사의 잦은 이직과 퇴사는 모두에게 큰 손해이지요. 그래서 이직률과 퇴사율을 낮추기 위해 상담사의 마음 관리가 필요함을 인지하고 관련 프로그램을 도입하는 콜센터가 늘어나고 있습니다.

상담사가 출근해서 로그인하는 순간부터 상담사의 모든 시간은 체크되고 관리됩니다. 또 하루에 몇 통화의 콜을 받느냐로 실적 경쟁이 반복되고 있습니다. 이런 업무 환경에서 상담사에게 무조건 진정성 있는 호응을 하라고 강요하기는 힘듭니다.

콜센터의 안정적인 운영을 위해 정착률을 높이려면 상담사의 마음 관리는 꼭 필요하고 이는 기업에서 선택이 아닌 필수로 해야 할 일입니다.

콜센터 상담사 106명을 대상으로 설문을 한 결과, 많은 상담사들이 스트레스 관리와 힐링 교육이 필요하다고 답변하였고, 근무 기간이 긴 상담사일수록 이에 대한 니즈도 높았습니다.

고객상담은 상담사의 감정적 부조화를 가져오고 스트레스를 유발하는 노동입니다. 감정 노동의 최전선에 있는 콜센터 상담사에게 지속적이고 체계적인 마음 관리는 꼭 필요합니다. 마음 관리는 곧 기업의 실적 향상과 연결되고 이직률, 퇴사율과도 깊은 관련이 있기 때문입니다.

콜센터의 미래를 이야기할 때 거론되는 대표적인 키워드가 바로 '디지털화'입니다. 그러면서도 그 영역을 구분하고 있는데 '단순 문의는 디지털화한다.'와 '상담사는 상담을 한다.'로 설명하고 있습니다.

상담사가 진정한 '상담'을 하기 위해서는 고도의 공감 스킬이 필요하고 이 공감 스킬을 최상의 상태로 유지하기 위해서는 상담사의 감정 관리가 기반이 되어야 합니다.

공감 어린 상담은 대면을 한 상태에서 해도 어려운 일인데, 보이지 않는 고객과의 상담은 아주 복합적이고 수준 높은 상담 스킬이 요구되기 때문입니다.

AI가 흉내 낼 수 없는 공감 능력과 창의력을 상담사가 마음껏 발휘할 수 있도록 모두의 노력이 필요합니다.

고객과의 귀맞춤

상대방과 원활한 의사소통을 하기 위해 '눈높이를 맞춘다.'라는 말을 하지요? 이와 같은 맥락으로 저는 '귀높이를 맞춘다'는 표현을 자주 합니다.

　전화 상담은 고객이 눈앞에 보이지 않기 때문에 오로지 청각에 의존해 의사소통을 합니다. 고객의 말을 상담사의 귀에 제대로 담고, 상담사의 말을 고객의 귀에 정확히 전달하기 위해 서로 귀높이를 맞춘다는 의미입니다. 그리고 그 뜻을 형상화하여 책의 부제목을 '고객과의 귀맞춤'이라고 하였습니다.

　눈에 보이지 않는 고객, 전화기 저 너머에 있는 고객과 원활하게 대화를 한다는 것은 상당히 어려운 일입니다. 8시간 내내 수많은 고객과 통화해야 하고, 고객마다 요구 사항은 계속 달라지고, 그 통화의 품질을 누군가가 계속 체크합니다.

　전화량이 폭주했던 어느 날, 화장실에서 마주친 상담사가 "저 화장실로 피신 왔어요~"라고 말했던 모습이 기억납니다. 왜 휴게실이 아닌 화장실로 피신을 왔다고 했을까요? 콜센터에 휴게 공간이 없던 건 아니었지만 화장실은 그 상담사가 당당하게 방문 목적을 밝히고 편하게 갈 수 있는 유일한 공간이었던 것입니다.

　이런 상담사들을 위로하기도 하고 독려하기도 하며 콜센터 현장을 누빈 지 22년, 그 시간들을 보내며 저의 관심사는 오로지 상담사였습니다.

　콜센터는 '고객 중심' 상담을 해야 합니다. 하지만 '고객 중심' 상담을 하기 위해서는 '상담사 중심'의 환경이 조성되어 있어야 합니다.

'요즘 학교'를 가리켜 '19세기 사람들이 20세기 학교에서 21세기 학생들을 가르친다.'라고 표현한 것을 본 적이 있습니다.

저는 '콜센터'를 '19세기 공간에서 20세기 상담사가 21세기 고객을 응대한다.'라고 표현하고 싶습니다.

19세기의 공간은 하루아침에 바꿀 수 없고, 21세기 고객은 우리가 어떻게 할 수 없는 업무 조건입니다.

저는 20세기 상담사에 대해 이야기하려고 합니다. 신입 상담사 교육 때 받았던 지식을 업데이트하지 않고, 어떠한 변화도 꾀하지 않으며 과거의 시간을 반복하고 있는 상담사를 종종 봅니다.

마찬가지로 현장에서도 리더로서 자기 발전은 뒤로한 채, 자기 주관 없이 상담사의 Q&A 역할만 하며 하루하루를 보내는 중간 관리자도 많이 봐 왔습니다.

그러한 상담사에게, 그러한 중간 관리자에게 각자의 역할을 다시 한번 생각해 보고 더 나아가 시대의 흐름에 맞게 변화하길 바라는 마음으로 글을 쓰게 되었습니다.

글을 쓰는 내내 잊지 않았던 한 가지 다짐은 바로 '진단만 하고 끝나는 글은 쓰지 말자.'였습니다.

저는 책임도 지지 않으면서 사람들의 흥미만 자극하고 들쑤시는 이야기가 아닌 **'그럼에도 불구하고' 상담을 잘하고 싶은 상담사와 콜센터를 진정으로 사랑하는 중간 관리자**를 위해 글을 썼습니다.

이 책이 변화를 추구하는 이에게 조금이나마 도움이 되기를 바라며, 오늘도 감콜센터 현장에서 고군분투하고 있는 수많은 상담사와 중간 관리자를 진심으로 응원합니다.

I.
상담사에게

접촉 위안의 부재를 극복하고
말로써 접촉 위안을 재창조해 내는 상담사의 가치,
고객상담의 가치는 재평가되어야 합니다.

하이터치 콜센터

기술에 감성을 융합한 하이터치 High Tough

미국의 미래학자 존 나이스비트는 1982년 저서 《메가트렌드》에서 '하이터치'라는 화두를 던졌다. '하이테크'의 정반대 개념으로 고도의 기술이 도입될수록 그 반등으로 보다 인간적이고 따뜻한 감성이 필요하다는 주장이다.

많은 과학자나 기술자들이 인공 지능의 무한한 가능성을 점치고 있지만 가장 마지막 난제로 남겨 놓은 것이 바로 사람만이 가진 '공감 능력'이다.
공감을 통해 고객의 감성까지 건드리는 고품질의 상담을 위해서는 서비스 기술과 감성 지능을 동시에 갖춘 상담사가 필요하다.

*출처: KMAC 콜센터 서비스 품질 2020 전략보고서 3호

콜센터가 변화하고 있습니다.
스마트폰의 등장으로 114는 전화량이 1/10 수준으로 줄어들었습니다. 이에 미디어의 흐름을 발 빠르게 캐치하여 TV에 나온 맛집을 안내하거나 백신 접종처를 안내하는 등 단순 번호 안내가 아닌 생활 밀착형 서비스를 실시하고 있습니다.

이러한 변화는 114뿐 아니라 대부분의 콜센터에도 공통적으로 일

어나는 현상입니다.

  콜센터의 주 이용 고객에도 변화가 생겼는데, 디지털 기기에 익숙하지 않은 고연령 고객의 이용률이 높아지고 있습니다. 이제 콜센터가 주로 응대해야 할 고객은 ①고연령 고객 ②복잡한 업무를 해결하고자 하는 고객 ③민원 고객 이렇게 세 부류일 것입니다.

  이처럼 응대할 고객의 타깃이 구체화되면서 상담사에게 고차원적 상담 스킬이 요구되는 것은 어쩔 수 없는 변화이고, 특히 기계가 대체할 수 없는 인간만의 공감 능력은 콜센터 상담사가 갖추어야 할 주요 능력으로 분류되고 있습니다.

  콜센터가 변했습니다.
  새로운 마음가짐이 필요합니다.

헝겊 엄마 vs 철사 엄마

혹시 '헝겊 엄마 vs 철사 엄마' 실험을 아시나요?

  Harry Harlow의 원숭이 실험 (1960년대)
  : 애착형성에 가장 중요한 요소를 알기 위해 심리학자 해리 할로우가 원숭이를 대상으로 한 실험

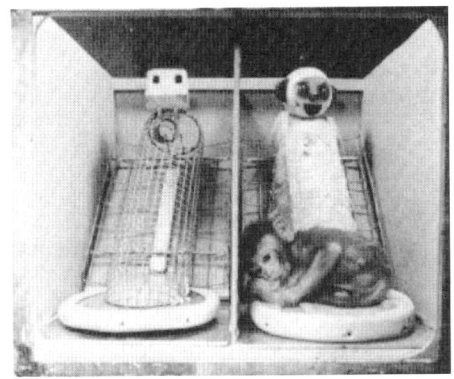 

출처: https://en.wikipedia.org/wiki/Harry_Harlow

'애착 형성에 가장 중요한 요소는 무엇인가?'
'유아와 양육자 간에는 생존 욕구가 가장 중요한 요소일까?'

이러한 내용에 의문을 가진 심리학자 해리 할로우가 원숭이를 대상으로 아래와 같은 실험을 하였습니다.

1. 각각 철사와 헝겊으로 만들어진 가짜 원숭이 모형을 만들어 놓고, 태어난 지 얼마 되지 않은 원숭이와 같은 공간에 함께 두었습니다.

2. 철사 엄마는 철사 형태 그대로 두고, 헝겊 엄마는 따뜻한 담요로 감싸고 얼굴도 꾸며 놓은 후 밥은 철사 엄마가 주도록 한 뒤에 새끼 원숭이가 어느 엄마에게 가는가를 관찰하였습니다.

많은 사람이 새끼 원숭이가 당연히 생존을 위해서 밥을 주는 철사 엄마에게 갈 것이라고 예측했습니다.

3. 실험이 시작되자 새끼 원숭이는 24시간 중 밥 먹는 시간을 제외하고 나머지 시간 내내 헝겊 엄마에게 안겨서 꼭 붙어 있었습니다. 시간이 지나자 이제 밥을 먹는 동안에도 몸은 헝겊 엄마에게 안겨 있었고, 위험 상황이 발생했을 때에도 헝겊 엄마에게 의지했습니다.

새끼 원숭이에게 분명한 보호 기지는 헝겊 엄마였습니다.
철사 엄마에게서는 접촉 위안(contact comfort)을 느낄 수 없었기 때문입니다. 생존 욕구보다는 따뜻한 손길, 눈빛, 부드러운 촉감에 대한 욕구가 더 크다는 것이지요.

"관계가 배고픔을 이긴다."라는 말이 있습니다.
원숭이 실험 결과는 그 당시 사회복지단체, 보육원 같은 기관에서 양육자가 유아를 잘 안아 주고 케어할 수 있도록 아동 인원수를 조정하는 등 제도 개혁에 영향을 주었습니다. 이 실험은 유아와 양육자를 대상으로 한 실험이었지만 접촉 위안은 인간관계에서 매우 중요한 요소입니다. 특히 팬데믹같이 접촉 자체가 위험한 시기에 접촉 위안 부재로 관계 형성에 어려움을 겪는 경우가 많았고, 이는 콜센터에서도 마찬가지였습니다.

2020년 코로나-19 발생 이후 상담사를 대상으로 한 모든 대면 미팅, 교육, 코칭이 중단되었습니다. 콜센터의 중간 관리자는 수시로 상담사와 대화를 하고, 스킨십을 하고, 얼굴을 보며 개선점을 전달하는 등 대면 접촉을 활발하게 해 왔는데 더 이상 그런 교류를 할 수 없게 된 것이었습니다.

상담 좌석에 칸막이를 설치하는 등 여러 가지 물리적인 조치가 계속 이루어졌습니다. 마찬가지로 코칭도 중단할 수밖에 없었습니다. 하지만 무작정 중단할 수는 없었기 때문에 생각해 낸 대안이 코칭을 서면으로 진행하는 것이었습니다. 물론 서면 코칭은 이전에도 있었던 코칭 방법이지만 대면 코칭의 대안으로 서면 코칭 결과지를 작성하는 일은 아예 다른 차원의 일이었습니다.

상담사에게 말로 했던 코칭 내용을 글로 전달하기 위해 정말 꼼꼼하게 많은 시간을 들여 코칭 결과지를 작성하였습니다. 하지만 상담사들의 반응은 그리 좋지 않았습니다. 접촉 위안을 느낄 수 없는 코칭 결과지는 상담사들 입장에선 그냥 기분 나쁜 종이 한 장일 뿐이었습니다. 상담사와 마주 보고 대화하면서 전달하는 모든 표정과 비언어적인 표현들을 어떻게 글로 다 전달할 수 있을까요? 한계가 분명히 느껴졌습니다.

팬데믹으로 인해 직원 간 대화 자제, 식사 시 접촉 최소화 같은 지침들이 계속되면서 동료들과 유대감을 형성하기 어려운 것은 당연한 일이었습니다. 현장 분위기는 점점 가라앉을 수밖에 없고, 이런 분위기가 장기간 지속되니 결국 상담 품질 하락으로 연결되었습니다. 서로 만나서 얼굴을 보고 웃고, 공감하고 대화하는 모든 접촉 행위는 실제 우리 삶에 큰 영향을 주고 있었고, 팬데믹을 겪으며 그 힘을 명확하게 느끼게 되었습니다.

그러다가 저는 문득 이런 생각이 들었습니다.
그러면 시작부터 끝까지 접촉 위안이 배제되는 고객상담의 업무 강도는 어느 정도가 될까?
고객상담에서는 의사소통의 많은 부분을 차지하는 시각적 효과를 볼 수도 없고 오로지 말의 내용과 청각에 의지하여 업무 처리를 해야 하기 때문에 상담 중 오해가 생기지 않도록 부드러운 음성, 정확한 발음, 맥락에 맞는 설명 능력 등이 필요합니다. 또한 접촉 위안을 말로 변환하여 고객에게 전달하는 공감 표현은 결코 쉽지 않은 일입니다.

접촉 위안의 부재를 극복하고 말로써 접촉 위안을 재창조해 내는 상담사의 가치, 그리고 고객 상담의 가치는 재평가되어야 합니다. 오늘도 보이지 않는 고객에게 목소리로 접촉 위안을 주려는 상담사의 노력이 꼭 고객에게 전달되어서 고객이 상담사의 목소리만으로도 헝겊 엄마의 따뜻함을 느낄 수 있기를, 그래서 고객 상담의 가치가 더욱 높아지기를 바랍니다.

공감을 만들다

대면 상담과 달리 전화 상담에서는 상담사가 공감하고 있음을 고객에게 표현해 주어야 하기 때문에 호응을 언제, 얼마나, 어떻게 하는지가 중요합니다.

일반적으로 공감 항목 연출 기준은 아래와 같습니다.

1. 공감과 호응이 기계적이거나 사무적이지 않은지
2. 상담 내내 고객에게 소통하고 있다는 느낌을 주는지
3. 공감과 호응 시 대화의 맥락이 흐트러지지는 않는지
4. 답변과 공감을 구분하여 사용하고 있는지

상담사가 고객의 말에 적절하게 호응해야 하지만, 그 호응이 너무 소극적이어도 안 되고 반대로 너무 과하게 호응을 해도 안 되기 때문에 베테랑 상담사도 어려워하는 것 중에 하나가 호응과 공감입니다.

많은 회사에서 호응어 사용을 강조하다 보니 일부 상담사들은 고객의 말끝마다 "아, 그러세요~"를 Ctrl+c, Ctrl+v 하듯 기계처럼 반복합니다. 고객이 "이 상품으로 바꾸면 나한테 불리한 거 아니에요?"라고 말하는데도 맥락을 고려하지 않고 "아~ 그러세요."라며 호응어를 남발하는 부작용이 생기기도 합니다.

이처럼 상담사가 고객의 말에 공감하고, 공감을 말로 표현하는 것

은 정말로 어려운 일입니다.

그렇다면 공감과 호응은 왜 어려울까요?
바로 진심을 담아야 하기 때문입니다.
눈에 보이지 않는 고객에게 진심을 담아 전달해야 하기 때문에 힘들고 어려울 수밖에 없습니다.

제가 코칭 중에 호응어 사용을 너무 강조하니 어느 날은 상담사가 "팀장님~ 고객한테 호응을 계속해 주니까 고객이 말을 너무 많이 하는 바람에 상담이 길어져서 호응어 쓰기가 싫어져요."라고 말한 적이 있습니다.
고객의 말이 많아졌다는 것은 상담사가 공감과 호응을 정말 잘했다는 확실한 증거인데, 상담사는 응대율(상담사가 시간당 응대한 콜 수)에 쫓겨 본인이 발휘한 공감 능력의 가치를 모르고 있던 것입니다. 이제 생각의 전환이 필요합니다.

산업군마다 속도의 차이는 있겠지만, 콜센터 업무의 디지털 전환을 막을 수는 없습니다.
이미 챗봇이 콜센터의 업무 영역을 점점 점령하고 있는 것을 알고 있을 것입니다. 반대로 이런 현상은 상담사만이 할 수 있는 '공감 능력'의 중요성이 강조된다는 뜻이기도 합니다.
기계가 할 수 있는 단순하고 일반적인 상담은 기계에게 넘겨주고, 상담사는 진심으로 고객에게 공감하는 상담을 해야 합니다.

콜센터는 변화할 수밖에 없고 변화된 환경에 적응하려면 상담사가 공감 능력을 꾸준히 키워야 합니다.

커뮤니케이션의 중요성이 강조되는 요즘, 곳곳에 커뮤니케이션 스킬에 관한 정보가 넘쳐흐릅니다.
예를 들면 '상대방이 이야기할 때, 고개를 끄덕여라!', '상대방의 눈을 보아라!', '손을 얼굴 위치까지 올려서 박수를 쳐라!' 등 참으로 다양합니다. 이 모든 것이 "나는 지금 당신의 말을 자~알 듣고 있어요."라는 표현이겠지요. 하지만 오로지 목소리로만 승부해야 하는 전화 상담에서는 어떻게 해야 할까요?
고객은 상담사의 고갯짓, 눈빛, 신체 언어를 볼 수 없습니다. 고객 사랑을 마음속으로만 외쳐 봐야 아무 소용이 없기에, 어떻게 해야 상담사의 미소와 신체 언어가 목소리에 담길지는 콜센터의 큰 숙제입니다.

상대방이 눈앞에 보이지 않는 전화 상담에서, 고객과 상담사의 말 사이에 침묵의 시간이 너무 짧으면 경청 부족이 되고, 간격이 너무 길면 호응 부족이 됩니다. 고객은 '이유 없는 침묵'을 불편해합니다. 상담사가 신속하게 호응하지 않을 경우, 고객은 '뭐지? 왜 내 말에 아무 반응이 없지?'라고 생각하며 이를 무시로 받아들이기도 합니다.
효과적인 호응을 하려면 어떻게 해야 할까요?

1. 효과적인 호응의 3요소

① 올바른 경청
- 고객의 말이 끝나면 반박자 쉬고 응대하기
- 고개를 끄덕이는 등 신체 언어를 활용하여 고객과 호흡 맞추기

② 공감이 느껴지는 음성 연출
- "아~" 같은 감탄사 활용하기
- 어미가 너무 짧거나 가라앉지 않도록 연출하기

③ 맥락에 맞는 호응어 사용
- 고객이 자신의 상황을 말하거나 니즈를 밝힐 때 자연스럽게 호응어 사용하기

[올바른 예시]
- 고객: "제가 얼마 전에 교통사고가 나서 입원을 했었는데요, 보험금을 청구하려면 어떻게 해야 하죠?"
- 상담사: "아~ 그러세요? 지금은 괜찮아지셨습니까?"
- 고객: "네, 지난주에 퇴원했어요."
- 상담사: "정말 다행이시네요."

☞ 공감이 필요한 순간에 자연스러운 호응이 느껴집니다.

2. 잘못된 호응

① 기계적인 음성 연출
- 말끝이 짧아 공감이 전혀 느껴지지 않는 호응
- 다양한 호응어가 아닌 한 가지 호응어만 동일하게 반복

② 무분별한 호응어 남발
- 맥락을 고려하지 않고 고객의 모든 말끝에 호응어를 사용

[잘못된 예시]
- 고객: "자동 이체되는 은행 좀 바꿔 주세요."
- 상담사: "아, 그러세요. 계좌번호 말씀해 주시겠습니까?"
- 고객: "123-456-7890이요."
- 상담사: "아, 그러세요. 이체일은 며칠로 해 드릴까요?"
- 고객: "25일로 해 주세요."
- 상담사: "아, 그러세요."

☞ 단순 문답 중에도 습관적으로 호응어를 사용하거나 똑같은 호응어를 반복하면 상담이 장황하고 지루하게 느껴집니다.

위와 같이 호응의 기초가 정립되었다면 점검과 보완이 필요합니다. 점검과 보완은 꾸준히 고객과 부딪치며 연습해야 합니다. 상담이 끝나면 그걸로 끝내지 말고 복기하는 습관을 들여 보세요. 복기라고 하여 상담 전체를 복기하라는 것이 아닙니다. 상담을 마치면 곧바로 내가 사용했던 호응 표현을 떠올려 보세요. 이 모든 것은 5초만 투자해도 충분히 해낼 수 있습니다.

'고객이 너무 오래 기다렸다고 짜증을 냈지. 그래서 내가 뭐라고 호응했지?', '고객이 이사했다고 했지. 그래서 내가 어떤 호응어를 사용했지?'라고 반복하여 그 감정을 기억하고 경험을 쌓아야 합니다.

사람을 움직이는 것은 입이 아니라 귀라는 말이 있죠?

일단 고객의 말을 들어야 합니다. 고객의 말과 상황을 듣고 그다음에는 상담사가 고객에게 공감하고 있음을 표현해 주어야 합니다.

상담사가 아무리 마음속으로 열심히 호응을 한다고 해도 말로 표현하지 않으면 전화 상담에서는 소용이 없습니다. 그래서 맞장구 호응어가 필요한 것입니다. 맞장구 호응어가 어렵게 느껴진다면 '그랬구나 게임'을 떠올려 보세요.

이 게임의 룰은 상대방이 어떤 말을 해도 나는 "그랬구나~"라고 한 후에 답변을 시작해야 하는 것입니다. 고객이 하는 말에 아무리 반박하고 싶고, 빨리 대답하고 싶어도 고객의 말을 자르지 말고 일단 머릿속으로 "그랬구나~"를 떠올려 보세요. 그와 동시에 입으로는 "아~ 그러세요~", "아~ 그러셨군요~"라고 말하는 것입니다. 이 과정을 지속적으로 반복하여 상담 중 호응어가 반사적으로 나오도록 해야 합니다.

호응은 고객의 마음을 여는 지름길입니다.

상담사가 고객의 말을 잘 들어 주고 열심히 호응해 주는데 어떤 고객이 싫다고 할까요? 다만, 습관적이고 기계적인 호응은 고객의 마음을 여는 지름길이 아닌 고객의 마음을 닫는 길로 인도할 수 있다는 것을 꼭 기억해 주세요.

전화 상담은 실시간으로 이루어집니다.

고객은 본인들의 눈앞에 상담사가 보이지 않기 때문에 상담사의 목소리에 더욱 집중할 수밖에 없고, 그 과정에서 생각보다 많은 것을 듣고 느낍니다. 고객과의 소통을 어렵다고만 생각하지 말고 "그랬구나~"를 떠올려 공감을 만들어 보세요.

모두를 신나게 하는 리액션

"나 지금 힘들거든~"
"내가 제일 힘들어~"
"나한테 뭐라고 하지 마~"

오후 시간이나 콜이 많이 밀리는 날에 상담사들을 보면 온몸으로 이렇게 말하고 있는 듯합니다. 저에게 투정을 부리고 지친 얼굴을 하는 것은 괜찮지만 상담사의 힘든 마음을 고객에게도 알게 모르게 표현하고 있을 것 같아 걱정이 됩니다. 일부 상담사는 상담이 조금이라도 길어지면 음성이 급격하게 차가워지고 고객의 질문에 묵음으로 일관하는 등 소극적인 공격을 할 때가 있습니다. 이런 상담을 모니터링할 때면 '이러다가 민원으로 번지면 어쩌려고…' 하며 저까지 초조해집니다.

상담사는 이렇게 말하면서 고객의 마음을 모른 척합니다.
"고객 말 자르지 말라면서요. 그래서 말 안 하고 있었던 건데요."
"호응어 많이 쓰라고 했잖아요."
"필수 안내 빼먹으면 평가에서 차감되잖아요."

고객의 말을 자르지 말라고 했더니 고객의 말이 다 끝나고 몇 초나 지났음에도 아무 말 없이 가만히 있는 상담사.
적극적으로 호응하라고 했더니 고객의 말끝마다 "아, 그러세요-", "아, 그러세요-", "아, 그러세요-"를 영혼 없이 반복하는 상담사.
고객이 지금 화를 내고 있는데도 개의치 않고 필수 안내 사항을 계속 읽어 내려가는 상담사.

이처럼 상담사는 고객의 숨은 니즈를 알면서도 모른 척하며 상담 중 오기를 부리곤 합니다. 나는 회사가 시키는 대로 했을 뿐이라며…. 고객에게 오기를 부린 결과는 어떤가요? 어느 누구도 고객과의 싸움에서 이긴 상담사는 없습니다. 상담사와 고객 사이에는 싸움 자체가 성립될 수 없기 때문입니다.

밀려드는 고객, 비합리적이라고 생각되는 업무 처리 방법, 상담사 권한을 벗어나는 고객의 요청 등 상담사를 화나게 만드는 이유는 수없이 많고, 상담사는 그런 화나는 마음을 상담 중에 투영시켜 버리는 실수를 합니다. 상담사의 화나는 마음, 지치는 마음은 이해가 되지만 그렇다고 그런 마음을 내버려 두면 안 됩니다.

상담사와 이야기해 보면 화내고 지치다가 어느 순간 본인의 마음을 그냥 방치하는 경우가 많습니다. 누적된 피로가 감정을 추스르려는 의지 자체를 꺾어 버리는 것입니다. 중간 관리자가 아무리 상담사 가까운 곳에서 케어한다고 해도 상담 자체에는 개입을 할 수 없습니다. 상담사 스스로 해야 할 부분이 분명히 있습니다. 힘든 마음을 방치하면 안 됩니다. 힘든 마음을 끊어 내고 가라앉은 마음을 끌어올리기 위해서는 상담사가 신나야 합니다.

상담사가 신이 나려면 어떻게 해야 할까요?

바로 고객을 신나게 해 줘야 합니다. 고객이 신이 나야 상담사도 신이 납니다. 고객을 신나게 하기 위해 필요한 것이 바로 리액션입니다

리액션(reaction)
[명사] 다른 연기자의 대사에 행동에 대해 반사적 작용으로 나타나는 연기

놀랍게도 리액션은 받는 사람도 신이 나지만 하는 사람도 신이 나는 신기함을 가지고 있습니다. 주고받으며 소통하는 그 느낌이 사람을 신나게 하는 것입니다.

혹시 판소리 공연을 본 적 있으세요?

중요 무형문화재 제5호 판소리 고법 보유자, 정철호 선생은 "고수와 명창이 호흡하는 소리는 감동 그 이상, 장단이 없는 소리의 맛은

진정한 맛이 아니다."라고 하였습니다. 아무리 훌륭한 명창이라도 북소리와 완벽한 호흡을 맞추었을 때 비로소 판소리가 완성된다고 합니다. 고수가 북을 치며 추임새를 넣어 주어야 명창이 신이 나서 소리를 낸다는 것이지요. 고수가 명창을 신나게 해 주듯이 상담사도 고객을 신나게 해 주어야 합니다. 바로 리액션을 통해서 말이죠. 그렇게 해야 상담사도 신이 나고 고객과의 시간이 덜 힘들게 느껴집니다. 화는 내면 낼수록 그 끝이 없습니다. 끝없는 화는 우리의 마음을 병들게 하고 화가 지속되면 무기력에 빠져서 몸까지 지치게 만들지요. 우울증의 시작인 것입니다. 상담사 자신을 위해서 고객을 신나게 해야 한다는 것을 기억해 주세요.

이러한 리액션도 연습이 필요합니다.

효과적인 리액션은 어떻게 해야 할까요?

1. 고객이 니즈를 밝히거나 상황을 말하면 구체적인 호응 표현을 한다. 호응은 '아~ 그러셨군요.' 같은 맞장구 호응어와 '네~ 맞습니다.' 같은 답변식 호응어를 상황에 맞게 사용한다.
2. 추임새를 넣듯이 고객이 말할 때 '아~' 같은 약한 호응을 꾸준히 한다. 이때 고개를 끄덕여 고객과 호흡을 맞추는 것이 중요하다.
3. 과유불급. 고객의 말이 끝날 때마다 호응어를 사용하면 고객도 지치고 상담사도 지친다. 단순 문답, 업무 처리 과정에서는 호응어 사용을 자제한다.

고객의 말에 반사적으로 반응하고 호응하는 것!

계속 시도해 보고 실력을 쌓아야 자연스럽게 리액션을 할 수 있습니다. 수많은 고객을 상대로 연습해 보길 권합니다. 그 과정을 즐기고 그 느낌을 기억해 보세요.

물론 결과가 좋지 않을 때도 있을 것입니다. 큰맘 먹고 고객의 말에 열심히 리액션했는데 하필 무뚝뚝한 고객을 만날 수도 있습니다. 그렇다고 해서 리액션을 멈춰서는 안 됩니다. 평균을 생각해 보세요, 상담사의 리액션에 신나는 고객이 더 많다는 것을요. 고객을 위한 리액션이 상담사 본인에게도 좋은 방향으로 작용한다는 것을 꼭 기억하길 바랍니다.

대화 속 공간을 찾는 경청

"나는 당신이 무슨 말을 할지 이미 알고 있다."

사람은 본인의 경험을 바탕으로 판단하고 행동합니다.

상담사가 고객을 응대할 때에도 상담사 개인의 축적된 경험을 활용하여 상담을 하는 것은 당연한 일이지요. 하지만 이 과정에서 항상 경계해야 할 것이 있는데 바로 상담사가 고객의 생각을 섣불리 판단하면 안 된다는 것입니다. 마치 고객이 무슨 말을 할지 이미 다 알고 있는 것처럼 말이죠.

상대방의 말을 경청할 때는 모든 판단을 중지하라는 말이 있습니다. 하지만 상담사가 고객의 니즈를 마음대로 판단하여 고객의 말을 자르는 경우를 종종 봅니다. 생각해 보세요. 내가 말을 하는데 누군가가 나의 말을 딱딱 자르는 것만큼 기분 나쁜 일이 있을까요? 말 자름이 주는 불쾌함은 오로지 목소리만 사용하여 대화하는 전화 상담에서 더욱 크게 부각됩니다. 그렇기 때문에 상담사가 고객의 말을 온전히 경청하는 것은 정말 중요한 일이고 상담 품질을 높이기 위한 핵심 요소입니다.

경청이 미흡한 경우는 아래와 같이 분류할 수 있습니다.

① 고객의 말을 중간에 고의로 자르는 경우
② 고객의 말끝을 습관적으로 자르는 경우
③ 고객의 말이 끝나자마자 곧바로 응대하는 경우 (화급한 응대)
④ 고객과 동시에 말하여 말이 겹침에도 양보하지 않고 상담사 본인의 말을 이어 나가는 경우

위 문제점에 대해 상담사에게 피드백을 하면 이렇게 답변을 하곤 합니다.

"기다리고 있는 고객이 많으니까 마음이 급해져서 고객 말을 자르게 돼요!"

"고객이 뭘 말할지 뻔히 아는데 고객 말을 끝까지 듣는 건 시간 낭비 아닌가요?"

상담사의 마음을 충분히 이해합니다. 하지만 상담 시간을 줄이자고 상담사가 경청에 소홀하여 고객의 말을 자르는 순간, 쌍방향 커뮤니케이션은 이루어질 수 없습니다. 그리고 말 자름으로 인해 불쾌감을 느낀 고객은 그 감정을 상담이 끝날 때까지 가지고 갑니다. 일반적인 상담에서 고객이 니즈를 말하는 시간은 평균 7초를 넘지 않습니다. 고객이 충분히 말할 수 있도록 조금만 기다려 주세요. 그리고 고객이 무슨 말을 할지 이미 알고 있다고 자신하지 마세요.

경청을 너무 복잡하게 생각하지 말고 '고객의 말을 저지하지 말고 끝까지 듣는다.'라고 단순하게 생각해 보면 어떨까요? 고객의 말을 충분히 들어 주는 것만으로도 고객은 존중감을 느끼게 됩니다. 상담사는 상담 중 고객의 말 자름, 고객 말끝에 화급한 응대, 고객이 말하는 중에 개입하는 등 물리적인 저지를 하지 말아야 합니다. 온전히 고객의 말을 들어 주면서 계속해서 고객의 반응을 살펴야 합니다.

또한 상담사가 고객에게 말을 건넸다면 그 말이 고객에게 제대로 전달되고 있는지 끝까지 지켜봐야 합니다. 혹시 농구 경기에서 선수가 림으로 공을 던지고 난 다음에 어떤 행동을 하는지 본 적 있으세요? 바로 본인의 손을 떠난 공을 끝까지 쳐다보는 것입니다. 본인이 던진 공이 림 안으로 들어가서 득점했다면 재빠르게 수비를 하러 상대 팀 골대로 달려가야 하고, 반대로 공이 림을 맞고 튕겨져 나왔다면 리바운드를 해야 하기 때문입니다. 농구 선수가 본인이 던진 공을 끝까지 봐야 그다음 대처를 할 수 있는 것처럼 상담을 할 때에도 마찬가지입니다. 고객에게 설명을 한 후에는 고객이 정확히 들었는지 고객의 반응을 확인하고 나서 다음 설명으로 넘어가야 합니다. 상담은 소통이지 전달이 아니기 때문입니다.

그렇다면 고객의 반응은 어떻게 체크할 수 있을까요?

상담을 하는 중간에 "고객님~ 지금 제가 하는 말 잘 듣고 있는 거 맞죠?"라고 일일이 물어볼 필요는 없습니다. 그저 문장 사이에 잠깐의 쉼을 주기만 하면 됩니다. 경청은 말의 속도와도 연결되는데 상담 중 적절한 말 속도란, 상담사가 말을 할 때 고객이 끼어들 수 있을 정도의 속도입니다. 상담사가 문장 사이에 반 박자 정도 간격을 두고, 주요 단어(숫자, 명사 등) 사이에 쉼을 주면 고객이 언제든 끼어들 수 있습니다.

이런 쉼은 "고객님~ 잘 듣고 있으시죠? 혹시 이해가 안 되면 질문하셔도 됩니다."라는 무언의 신호가 되는 것입니다. 고객의 숨소리에도 집중하라고 합니다. 숨소리를 들으려면 침묵의 순간이 꼭 필요합니다.

"신은 디테일에 있다. God is in the detail." 라는 유명한 말이 있습니다.

서비스는 무형입니다. 그리고 실시간으로 이루어지지요. 그렇기 때문에 눈에 보이지 않는 작은 부분까지 신경 써야 온전한 서비스를 할 수 있습니다. 하지만 업무 매뉴얼이나 스크립트 어디에도 상담사가 호흡을 어떻게 해야 하는지, 고객과 말 사이에 어느 정도 간격을 두어야 하는지 같은 지문은 적혀 있지 않습니다. 상담을 잘하려면 스크립트에는 없는 디테일을 잘 활용해야 하는데, 이런 디테일은 상담을 하면서만 습득할 수 있습니다. 오로지 상담사가 직접 경험해야 한다는 뜻입니다. 귀를 쫑긋 세워서 고객의 말에 집중하다 보면 말 속에 공간이 보이고, 그 공간에 담긴 의미도 알아차릴 수 있습니다.

고민은 하지 않고 어제를 반복하는 상담사는 숨어 있는 디테일을 알아차릴 수 없다는 것을 꼭 기억해야 합니다.

거울이 간직한 비밀

혹시 여러분의 회사 책상 위에도 거울이 있나요?

미세 먼지가 심한 어느 날, 출근하는데 눈에 뭐가 들어간 것 같아 회사에 도착하자마자 거울을 봤습니다. 눈꺼풀을 뒤집고 눈에 들어간 무언가를 찾느라 열심히 거울을 보고 있는데 책상 위 전화에 벨이 울렸습니다. 아직 9시도 안 됐는데 말이죠. 짜증을 내며 전화를 받아 통화를 이어 가던 중, 우연히 앞에 있는 거울 속에 비친 제 얼굴을 봤는데 표정이 너무 싸늘해서 놀랐습니다. 통화를 끊고 나니 예전에 제가 상담을 하며 겪었던 일이 생각났습니다.

그날도 고객과 한창 대화를 이어 가던 중이었습니다. 그러다가 우연히 거울을 봤는데 제 볼에 갑자기 없던 점이 하나 생긴 거예요. 깜짝 놀라서 자세히 보니 사인펜 잉크가 볼에 딱 찍힌 것이었습니다. 순간 그런 제 모습이 너무 웃겨서 상담 중 저도 모르게 "풋!" 하고 웃었는데, 고객도 저를 따라 같이 웃는 게 아니겠어요? 잠시 당황했지만 화기애애한 분위기 속에서 상담은 마무리되었습니다. 지금 생각해 보면 거울이 만들어 낸 유쾌한 일이기도 하지만 위험한 일이기도 합니다. 위험한 일인 이유는 고객과 상담 중 맥락에 맞지 않는 상담사의 웃음은 고객에게 오해를 일으킬 수 있기 때문입니다.

많은 상담사들이 거울을 보며 저와 같은 경험을 종종 하는 것 같습니다. 어느 날 코칭룸에 들어온 상담사가 자리에 앉자마자 저에게 "팀장님~ 저 코칭 들어오기 직전에 고객이랑 통화하는데, 고객이 자꾸 말을 못 알아들어서 화가 나더라구요. 그러다가 거울에 내 얼굴이 비쳐서 봤는데 순간 표정이 너무 무서워서 깜짝 놀란 거 있죠."라고 말하는 것이었습니다. 그래서 그다음에 어떻게 했냐고 물으니 "고객한테 쫌 미안하기도 하고, 그래서 천천히 다시 설명해 주니까 바로 이해하더라구요."라고 말하며 고객에게 미안했던 경험을 이야기한 상담사도 있었습니다.

 거울의 여러 가지 의미 중에 '어떤 사실을 그대로 드러내거나 보여 주는 것을 비유적으로 이르는 말'이라는 뜻이 있는데 거울은 항상 우리에게 많은 것을 보여 주며 스스로를 돌아보게 만드는 것 같습니다. 상담사가 어떤 말을 할 때에는 그 말에 담긴 감정들이 얼굴에 그대로 나타납니다. 상담사는 거울을 보며 자신의 모습을 점검하고 고객을 응대하며 텐션을 끌어올리기도 합니다. 콜센터에 있는 거울은 이렇게 우리와 함께하면서 즐거운 오해를 만들어 내기도 하고, 우리가 반성하게도 하며 여러 가지 에피소드를 만들어 내고 있습니다.

 콜센터 현장에 있으면 다양한 고객만큼 다양한 상담사를 만나게 됩니다. 모두 규정된 기준 안에서 각자의 색깔대로 상담을 하고 있지요. 종종 상담사들의 상담 습관을 체크하기 위해 상담 좌석을 둘러볼 때가 있는데, 좌석을 보는 것만으로도 상담사의 상담 스타일을 알 수 있습니다. 상담 좌석이 어지러우면 상담도 어지럽게 합니다. 반대로 상담 좌석이 잘 정돈되어 있으면 상담도 깔끔하게 합니다. 이처럼 물리적인 환경은 상담사가 상담을 할 때에 아주 큰 영향을 줍니다.

　상담 부스를 지나던 어느 날, 한 상담사의 컴퓨터 모니터에 위 사진과 같이 노란 스마일 그림이 붙어 있는 것을 보았습니다. 상담사에게 스마일 그림에 대해 물었더니, "저거라도 봐야 웃을 수 있어요~"라고 하더라고요. 스마일 그림은 그 상담사가 설치한 장치였습니다. 고객과 긍정적 관계를 형성하기 위해 꼭 필요한 미소 유발 장치인 것이죠. 상담사는 고객과 대화하는 순간순간 저 스마일 그림이라는 장치를 통해서 공감을 만들어 가고 있었습니다.

　공감의 시작인 미소.
　하지만 공감 능력이 부족한 사람에게는 미소 연출이 엄청나게 힘든 일입니다. 공감 능력이 부족한 사람들의 공통점은 바로 표정이 없다는 것이지요. 얼굴 표정은 감정의 변화와 직결되어 있는데 감정 상태가 굳어 있는 사람은 스스로의 감정도 잘 파악하지 못하고 당연히 타인의 감정도 잘 파악하지 못합니다. 전화기 너머 고객의 감정 상태를 알아차리고 공감하기 위해서는 먼저 상담사 스스로 자신의 감정 흐름을 인지하고 통제하는 능력을 길러야 합니다.

《회복 탄력성》의 저자 김주환 교수는, 사람이 의식적으로 본인의 감정을 느끼는 순간은 어떠한 감정에 따른 나의 얼굴 표정을 변화시킨 이후의 일이라고 하였습니다. 다시 말하면 '감정 유발 → 표정 → 감정에 대한 인식' 순서인 것이지요.

감정의 유발과 감정의 인식 사이에는 표정이라는 신체의 변화가 개입되어 있기 때문에 신체 조절을 통해 감정을 조절할 수 있습니다. 그러므로 뇌에 긍정 정서를 유발하는 가장 간단한 방법은 웃는 것입니다. 웃는 표정을 짓게 되면 뇌는 즐겁고 기분 좋다고 느끼게 되어 손쉽게 긍정 정서에 돌입할 수 있기 때문입니다. 웃음과 관련된 근육이 수축되기만 해도 뇌는 우리가 웃는다고 판단하여 긍정 정서와 관련된 도파민을 분비하는 것이지요.

이런 현상은 볼펜을 가지고 실험을 해 봐도 바로 이해할 수 있습니다. 지금 볼펜을 하나 꺼내어 치아로 살짝 물고 입술이 볼펜에 닿지 않게 해 보세요. 이렇게 하면 웃을 때 사용하는 근육이 수축되어 뇌는 당신이 웃고 있다고 판단하게 됩니다. 볼펜을 치아로 무는 것만으로도 간단히 긍정 정서를 유발할 수 있으니 상담사가 컴퓨터 모니터에 붙여 놓은 노란 스마일 그림이 긍정 정서 유발에 얼마나 많은 영향을 주는지는 더 이상 설명하지 않아도 알 것입니다.

 볼펜 실험과 같은 유형의 여러 가지 실험 결과를 보면, 긍정 정서가 유발된 사람은 상대가 사람이든 사물이든 간에 그 대상을 더 긍정적으로 평가하고 더 높은 수준의 호감을 표시한다고 합니다. 한마디로 세상을 더 긍정적으로 보게 된다는 것이지요. 그러므로 상담사가 고객과의 상담을 성공적으로 이끌기 위해서는 상담사가 먼저 긍정 정서를 가지는 것이 필요합니다. 고객과 긍정적 관계 형성을 위해서는 우선 상담사가 마음의 문을 열고 고객의 말을 들어야 하는데, 이게 바로 공감적 경청입니다. 성공적인 소통의 핵심은 긍정 정서를 기반으로 고객의 말을 잘 듣는 데 있고, 이때 필요한 것이 미소입니다. 그렇기 때문에 억지로라도 웃어야 합니다. 이러한 미소 연출을 지속적으로 반복하여 체득화하면 상담 중 반사적으로 미소가 나올 수 있는 것입니다.

 '억지로 웃으라는 거야?'라고만 생각하지 말고 왜 그렇게 해야 하는지 그 원리를 먼저 떠올려 보세요. 감정의 유발과 감정의 인식 사이에 웃음이라는 도구를 통해 표정을 바꾸어야 한다는 것을 이해하고 이를 반복하여 몸에 익히는 것이 중요합니다. 행복해서 웃는 것이 아니라 웃어서 행복하다는 말이 있잖아요. 웃음을 역으로 이용하여 짧은 시간 안에 친절함을 만들어 내자는 것입니다.

일단 웃자! 뇌가 착각하도록!

이런 의도인 것이죠.

책상 위에 있는 거울, 그 거울을 파트너로 생각하고 같이 실천해 보는 건 어떨까요? 그리 어렵지 않습니다.

1. 상담이 시작되면 웃으면서 첫인사하기

고객에게 첫인사를 할 때 상담사가 거울을 보고 웃는 표정을 지어 긍정 정서를 인식한 다음에 고객을 긍정적으로 대하는 것입니다. 동시에 고객에게 초두 효과를 확실히 느끼도록 만드는 것이지요.

2. 말과 표정 일치시키기

"안녕하세요.", "감사합니다.", "그렇군요~"

위의 말들은 어떤 표정으로 해야 할까요?

반가움, 고마움, 공감하고 있음을 나타내는 표정이어야 하지 않을까요? 심리학자 앨버트 메라비언(Albert Mehrabian)은 메라비언 법칙을 통하여 대화를 할 때 단어로 전달되는 것은 7%, 말투나 억양 같은 음성으로 전달되는 것이 38%, 표정이나 몸짓으로 전달되는 것이 55%라고 하였습니다. 즉 말의 의미만으로는 메시지를 제대로 전달할 수 없다는 것입니다.

예를 들어 "안녕하세요."를 말할 때에는 평소보다 조금 높은 톤의 음성으로 말꼬리를 살짝 올리고 미소를 연출해야 합니다. 비록 고객이 상담사의 미소를 보지는 못할지라도 이 미소는 상담사의 음성에 담겨서 고객에게 전달되기 때문입니다. 실제로 상담 부스를 돌아다니다 보면 모니터 화면을 보고 화려한 손짓을 하거나 인사말을 하면서 실제 고개를 숙이는 상담사들을 보곤 하는데 대부분 상담을 잘하는 상담사들이 이렇게 상담을 합니다. 상담사의 이런 모습이 고객에게 보이지는 않아도 상담사의 표정과 행동이 일으킨 감정은 상담사의 목소리에 담겨 고객에게 전달되기 때문입니다.

　지금 책상 위에 있는 거울을 한번 보세요.
　고객에게 말하는 내용과 어울리는 표정으로 상담을 하고 있나요? 혹시 호응어를 무표정으로 하고 있지는 않나요? 만약 말과 표정이 반대로 가고 있다면 일치시켜야 합니다. 감정이 유발되면 표정으로 나타나고 그때에 감정을 인식한다는 순서를 꼭 기억해 주길 바랍니다.

상담 실명제, 나의 이름은

실명제
[명사] 생산자나 판매자, 사용자 따위의 실제 이름을 밝히는 제도

아마 금융 실명제, 인터넷 실명제, 정책 실명제 같은 용어를 자주 접하면서 실명제가 무슨 뜻인지는 알 것입니다. 상담 실명제라는 표현이 생소하게 느껴질 수도 있겠지만, 고객 상담은 오래전부터 이 실명제를 기본으로 하고 있습니다.

상담을 할 때, 상담의 시작 또는 끝에서 상담사의 이름을 필수적으로 말해 왔기 때문입니다. 고객의 입장에서 듣기에는 단순히 '상담사가 이름을 말하는구나.'라고 생각할 수 있겠지만, 상담사는 본인의 이름을 걸고 상담을 하는 것이기 때문에 상담 결과에 대한 의무와 부담을 가지게 되는 것입니다.

저는 상담을 하면서 이런 경험을 한 적이 있었는데요, 고객에게 설명을 하면서 그 내용이 뭔가 애매하다고 생각은 했지만 자료를 찾아보기는 귀찮았습니다. 잠시 고민한 후에 '혹시라도 내가 상담한 내용이 틀려도 나중에 크게 문제 되지는 않겠다.'라고 생각되어 그냥 상담을 끝내자 마음먹었지요. 상담을 마치며 상담사명을 말할 때 무의식적으로 제 이름을 빠르게 말해 버렸는데 갑자기 고객이 "상담해 주신 분 성함이 어떻게 되시죠?"라고 물어보는 게 아니겠어요? 울며 겨자 먹기로 이름을 또박또박 말한 뒤에 통화를 끊고 나서 자료를 얼마나 열심히 찾았던지… 그때의 뜨끔했던 기억이 아직도 생생합니다. 저처럼 상담사가 본인이 한 상담에 자신이 없다면 상담사 이름을 시원하게 밝히는 것이 꺼려질 수밖에 없습니다.

상담사가 상담을 마치려고 하는데 고객이 "상담사님 성함 좀 알려주시겠어요?"라고 한다면?

상황에 따라 두 가지의 반응이 나올 수 있습니다.

적극적으로 충분한 상담을 해 준 상담사는 '내가 상담을 잘해서 칭찬해 주려고 하나?'라고 생각하며 이름을 또박또박 말해 줄 것이고, 반대의 경우라면 예전의 저처럼 뜨끔해하며 상담이 끝난 후에도 찝찝한 마음이 지속될 것입니다. 상담은 상담사 본인의 이름을 걸고 하는 일입니다. 그만큼 책임감을 가져야 합니다. 그러면 상담 실명제에 걸맞게 상담사가 본인의 이름을 자신 있게 말하려면 어떻게 해야 할까요?

1. 속도와 발음 정확하게 하기

상담사명은 보통 첫인사 또는 종료 인사와 함께 진행합니다. 한동안 상담사명을 한 음씩 끊어서 말하는 일명 스타카토식 연출을 하곤 했는데 인위적으로 느껴져 고객과 상담사 모두가 어색함을 느낀다는 문제가 있습니다. 어색하지 않으면서 상담사명을 정확히 전달하기 위해서는 말의 속도가 중요합니다. 상담 전체의 말 속도가 1이라면 상담사명을 말할 때의 속도는 0.8로 하면 적당합니다.

말 속도가 빠르면 어쩔 수 없이 발음도 부정확해지기 때문에 상담사명을 말할 때에는 의도적으로 말을 천천히 한다는 생각을 가지고 해야 합니다.

2. 진정한 상담 실명제를 위한 근본적인 방법 찾기

효과적으로 상담사명을 말하기 위해 속도와 발음을 완벽하게 연습했어도 상담사가 본인이 상담한 내용에 자신이 없다면 어떨까요? 상담사명을 또박또박 말하기는 꺼려질 것입니다. '고객이 제발 나의 이름을 물어보지 않기를', '고객이 제발 내 이름을 기억하지 않기를' 이런 마음이 들겠지요. 그렇기 때문에 진정한 상담 실명제는 상담사가 업무 숙지를 얼마나 정확하게 하고 있는지와 깊은 관련이 있습니다.

상담사가 습득한 업무의 이해 수준은 상담의 품질까지 결정합니다. 콜센터 상담사를 대상으로 한 설문에서 '상담사에게 필요한 핵심 요소' 중 많은 상담사가 '업무 습득 및 자료 정리 능력'을 가장 중요한 요소로 꼽았는데 이처럼, 상담사도 업무 숙지의 중요성에 대해 잘 알고 있습니다. 상담을 오래 했다고 모두가 자료 정리를 잘하고 상담을 잘하는 것은 아닙니다. 오히려 경력이 많은 상담사일수록 처음 익혔던 업무 습관대로 발전 없는 상담을 하는 경향이 있습니다. 신입 상담사일 때 한 번 습득한 개념을 가지고 그대로 쭉 상담을 하는 것이지요. 업무 기준이 바뀌거나 새로운 기준이 생기면 그때그때 정리해야 하는데 이를 소홀히 합니다.

최근 세대 간 갈등의 원인으로 문해력의 차이가 자주 언급되고 있습니다. 젊은 세대의 문해력 저하 원인은 한자 이해 부족을 이유로 들고, 노령 세대의 문해력 저하 원인은 나이가 들수록 새로운 것을 받아들이기 싫어하는 성향을 이유로 들고 있습니다. 저는 새로운 것을 받아들이기 싫어하는 노령 세대의 이야기를 듣고 경력이 오래된 상담사들이 떠올랐습니다.

콜센터 상담사를 대상으로 한 설문 결과에서도 근무 기간이 오래된 상담사일수록 업무 교육의 중요성을 낮게 인식하고 있습니다.

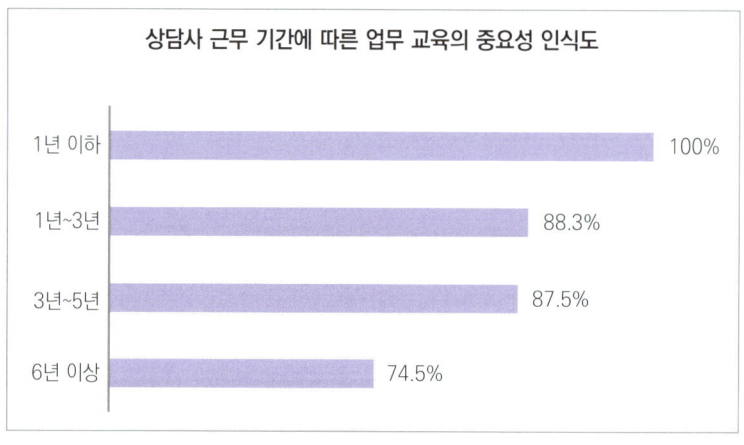

*콜센터 상담사 인식도 조사 2023

자신의 경험을 맹신하지 마세요. 상담 경력이 늘어날수록 숙지해야 하는 자료의 양도 늘어나는데 자료 정리는 한 번 놓치면 다시 시작하기 힘들어집니다. 그러다가 어느 순간 정리하기를 포기하고 머릿속 지식으로만 상담을 해 버리지요. 이러한 상담 습관이 반복되면 당연히 점점 생각의 폭이 좁아지고 고객을 배려하기 위한 어떠한 액선도 하지 않으려고 합니다.

　모니터링을 하다 보면 고객이 본인의 말이 맞다며 우기는 경우가 종종 있는데, 어떤 고객은 상담사가 안내해 준 내용이 맞는지 3번을 확인하는 고객도 있었습니다. 그 상담사도 지지 않고 자신이 안내한 내용이 맞다며 3번을 그대로 받아치더라고요. 고객이 우길 때는 바로 맞받아치지만 말고 한 번쯤은 내용을 확인해 보는 액션을 취해 주세요.

　이러한 액션이 필요한 이유는 첫째, 상담사가 정말로 업무를 잘못 알고 있을 수도 있기 때문입니다. 원숭이도 나무에서 떨어질 때가 있잖아요. 두 번째 이유는 고객을 배려하기 위해서입니다. 정말 뻔한 내용인데도 고객이 계속 우길 경우, 상담사가 "다시 한번 확인해 보겠습니다."라고 말한 후에 잠시 시간을 두고 나서 "고객님~ 확인해 보니 제가 안내해 드린 내용이 맞습니다."라고 하는 편이 훨씬 고객의 수긍도 빠르고 서로 감정 소모가 덜합니다.

　고객은 설득으로 움직이지 않습니다. 설득하려고 하지 말고 간단한 액션으로 고객을 납득하게 만드는 것이 현명한 대처입니다. 이런 행동을 반복적으로 하여 생각을 유연하게 해 주세요.

　상담사 스스로 자료 정리를 꾸준히 잘하는 것이 쉬운 일은 아닙니다. 어디를 가든 유독 정리를 잘하는 사람이 있듯이 콜센터에도 자료 정리를 기가 막히게 잘하는 상담사들이 있습니다. 이 상담사들의 자료는 족보처럼 전해지곤 하는데 실상 자료를 건네받은 다른 상담사들은 그 자료를 그리 잘 활용하지 못합니다.

다른 상담사의 자료가 내 것이 될 수 없는 이유를 아시나요? 바로 내가 힘들여 만들어 낸 나의 산물이 아니기 때문입니다.

인간은 자신이 경험한 대로 해석한다고 합니다. 상담사들이 동일한 내용의 교육을 받더라도 이해하는 정도의 차이는 분명히 있습니다. 각자의 상담 경험을 토대로 교육을 해석하고 이해하기 때문입니다. 자신의 방식으로 익힌 내용을 구조화해야 하는데 다른 상담사의 경험을 기준으로 만들어진 자료는 나에겐 무의미할 뿐입니다. 결국 나의 자료는 내가 만들어야 한다는 것이지요. 특히 요즘같이 재택근무가 활성화되어 업무에 누수가 생길 위험이 높을 때에는 신속하게 자료를 업데이트하는 것이 중요합니다. 그 자료에 나의 히스토리까지 담아야 비로소 의미가 있는 것입니다.

상담을 잘하는 상담사의 특징은 본인의 상담이 맞는지 계속 의심하면서 후배 상담사에게도 배우려고 한다는 것입니다. 그러면서 고객과 커뮤니케이션 오류가 발생했을 때엔 항상 자기 탓을 합니다. 예를 들어 상담 중 고객이 상담사의 말을 이해하지 못해서 다시 물었을 때, 상담 스킬이 부족한 상담사는 "제가 ○○라고 말씀드렸잖아요."라고 추궁형으로 표현하지만 상담을 잘하는 상담사는 "제가 설명이 부족했던 것 같습니다. 다시 안내해 드리겠습니다."라고 한 후 다시 설명을 합니다.

'친절한 오안내'라는 말을 들어 본 적 있으세요?

고객이 상담을 통하여 원하는 대답을 듣지 못했는데 상담사가 친절하기만 하면 무슨 소용이 있을까요? 상담사는 상담을 하면서 실수할 수 있지만 실수하는 것을 두려워해야 합니다. 실수가 습관화되지 않도록 상담 중에 집중해야 하고, 정확한 업무 습득에 가치를 두어야 합니다.

아는 만큼 설명할 수 있다고 하지요? 설명할 수 없다면 모르는 것입니다.

상담사의 잘못된 안내로 인해 발생하는 고객의 헛수고를 가볍게 생각하지 않았으면 좋겠습니다. 상담사가 고객에게 자신 이름을 떳떳하게 말할 수 있는 자신감은 탄탄한 업무 지식에서 나오는 것입니다. 업무 지식이 완벽하게 갖추어졌을 때, 그 위에 친절을 얹을 수 있는 것이지요. 고객이 생각하는 친절은 정확한 안내를 기본으로 하고 있다는 것을 꼭 기억해 주세요. 탄탄한 업무 지식으로 상담에 자신감을 채워야 하고, 그 자신감을 원동력으로 자신의 이름을 당당하게 밝힐 수 있는 상담 실명제를 꼭 실천하기를 바랍니다.

관찰의 힘

상대방과 매끄러운 대화를 하기 위해서는 상대방의 언어로 이야기하라는 말이 있습니다. 상대방의 언어로 이야기하기 위해서는 상대방의 행동, 말투, 표정 등을 관찰하여 상대방을 이해해야 합니다. 이해하는 마음이 밑바탕에 깔려야 상대방의 언어로 설명할 수 있기 때문입니다. 마찬가지로 고객상담을 잘하기 위해서는 고객의 언어로 이야기해야 합니다. 그러면 고객의 언어로 이야기하기 위해 가장 먼저 해야 할 일은 무엇일까요? 바로 고객을 아는 것입니다. 그리고 고객을 알기 위해서는 고객을 관찰해야 합니다.

고객 관찰은 이만큼이나 중요하지만 전화 통화로만 진행되는 고객상담은 상대방을 관찰할 통로가 아주 제한적입니다. 상담사는 고객의 성별과 연령 같은 최소한의 정보만 알 수 있고 고객의 표정, 행동, 주변 상황을 전혀 볼 수 없거든요. 그래서 전화 상담을 할 때 경청과 호응을 강조하는 것입니다. 상담사가 상담을 할 때 '고객을 이해하겠다.'라는 목표가 명확하면 고객의 말을 경청하고 호응을 할 수밖에 없기 때문입니다.

'상담사가 고객의 말을 끊지 않고 듣는다.'가 경청의 기본이라고 했습니다. 여기서 나아가 더 높은 차원의 경청을 하려면 고객의 상황까지 들어야 합니다. 고객의 목소리와 전화기 너머 소음을 유추하여 고객의 상태, 통화 장소 등을 알아채는 것이지요. 고객의 상황까지 듣는 이것이 바로 진정한 경청입니다.

'고객을 이해하겠다.'라는 의지가 있다면 고객의 말에 집중하게 되고 그 과정에서 "아~", "네~", "그러셨군요." 같은 호응은 자연스럽게 나오게 되어 있습니다. 이런 원리를 이해하지 않고 무조건 '고객의 말을 듣는다.', '호응어를 사용한다.'라고만 생각하니 경청과 호응이 어려울 수밖에 없는 것입니다.

인간은 본능적으로 듣는 것보다 말하는 것을 좋아한다고 합니다. 결국 경청과 호응은 인간의 본능을 역행하는 행동이니 고객상담은 분명히 어려운 일이 맞습니다. 그래서 '고객 이해'라는 목표가 있느냐, 없느냐에 따라 경청과 호응의 결과가 달라집니다.

저는 상담사들에게 상담하는 모든 순간에 최선을 다하지는 말라고 합니다. 상담사가 상담 중 고객과 대화하는 1분 1초 모든 순간에 집중하는 것은 불가능하기 때문입니다. 하루 종일 눈에 보이지 않는 수많은 고객들과 상담을 해야 하는데 그때마다 매 순간 집중하고, 매 순간 최선을 다하면 죽을 수도 있습니다.

하지만 집중해야 할 순간은 분명히 있습니다. 고객이 니즈를 말하는 상담 시작 구간은 온몸의 신경을 다 동원하여 고객의 말을 들어야 합니다. 그리고 이때 주의할 것은 꼭 고객의 감정도 같이 들어야 한다는 것입니다. 이렇게 고객의 니즈와 감정을 정확히 파악했다면 상담의 반은 성공입니다. 이후부터는 상담사의 흐름대로 고객을 리드하며 상담을 하면 됩니다.

상담사의 흐름대로 상담을 하라고 하여 아무렇게나 상담하라는 뜻이 아닙니다. 상담사가 큰 에너지를 쓰지 않고 효율적으로 상담을 하라는 뜻인데 그렇게 하려면 정확한 상담 프로세스가 상담사의 몸에 배어 있어야 합니다.

김연아 선수가 선수 시절에 한 다큐멘터리에 출연하여 했던 말이 인상적이었는데요, 그 당시 감독이 김연아 선수에게 "스트레칭할 때 무슨 생각을 하세요?"라고 질문하자 "무슨 생각을 해… 그냥 하는 거지."라고 답한 김연아 선수의 말이 아직도 많은 사람들 사이에서 회자되고 있습니다. 이처럼 상담 프로세스가 상담사의 몸에 배어 있다면 고객이 감정을 표출하는 순간에 너무나도 자연스럽게 호응을 하고, 고객이 니즈를 밝히는 순간부터 상담사는 자신의 머릿속에 구조화된 자료를 빠르게 꺼내어 원활한 답변을 할 수 있게 되는 것입니다. 상담사가 이 모든 과정을 '그냥', '습관적으로', '반사적으로' 할 수 있는 내공을 충분히 쌓아야 상담 중 너무 많은 에너지를 쓰지 않게 됩니다.

선순환, 악순환이라는 말이 있습니다.

집중이 필요한 구간에서 집중하지 않아 고객의 말과 감정을 듣지 못하면 상담 내내 우왕좌왕하게 됩니다. 고객이 원하는 것이 무엇인지 파악하지 못하고, 고객과 라포 형성도 안 되었기 때문이죠. 이렇게 되면 상담 시간도 길어지고, 상담 시간이 길어지면 집중력은 떨어지게 됩니다. 바로 그 순간이 오안내를 하거나 불친절한 응대를 하게 되는 위험한 순간입니다.

"고객을 이해해 주세요."

이 말은 '무조건 고객에게 맞춰라.', '고객이 왕이다.'라는 뜻이 아닙니다. 고객을 이해하려는 마음이 기저에 있어야 고객을 진심으로 관찰하고 고객의 말과 감정을 모두 읽어 낼 수 있다는 뜻입니다. 이렇게 니즈를 정확하게 파악하면 상담의 방향을 빠르게 설정하여 상담사의 흐름대로 상담을 할 수 있습니다. 결국 통화 시간도 짧아지고 이러한 결과는 선순환으로 이어집니다.

맥락 읽기를 강조하는 시대입니다.

맥락을 잘 읽어 내면 성공하고, 읽어 내지 못하면 반대의 결과를 얻습니다. 고객과의 상담에서도 맥락 읽기는 중요합니다. 고객의 말 사이에 담긴 맥락과 감정을 잘 읽어 내어 상담을 성공으로 이끄시길 바랍니다.

고객 중심 설명법

"이카루스야 내 말을 잘 들어라.

하늘에서는 중간을 날아가야 해. 너무 낮게 날면 물이 날개를 잡아당길 거야. 너무 높게 날면 뜨거운 태양이 날개를 태워 버릴 테고. 하늘과 바다 사이를 잘 날아야 해."

오비디우스의 〈변신 이야기〉 중에서

하늘 높이 날아가고 싶은 욕망에 사로잡힌 이카루스는 결국 푸른 물속으로 추락하고 말지요. 흔히 이런 이카루스를 가리켜 인간의 덧없는 욕망에 대하여 이야기하곤 합니다. 저는 태양과 바다 사이를 힘겹게 날고 있는 이카루스를 보면서, 오늘도 고객과 힘겹게 상담을 하고 있는 우리 상담사들의 모습이 생각났습니다.

- 너무 소극적이어도 안 되고 그렇다고 장황해도 안 되고
- 모든 내용을 충분하게 설명하면서도 맥락에 맞아야 하고
- 결론을 먼저 이야기하되 세부 내용을 매끄럽게 연결해야 하고
- 고객의 생각을 섣불리 판단해서도 안 되지만 신속하게 알아들어야 하고

이렇게 나열해 보니 정말 숨이 막힙니다. 상담사와 이야기를 하다 보면,

"나는 저 선배님처럼 매끄럽게 설명이 안 돼요."
"어느 선까지 설명해야 하는지 잘 모르겠어요."
"지난번 고객이랑 똑같이 설명했는데 이 고객은 잘 알아듣지 못해요."

위와 같이 다양한 고충을 토로합니다.

얼굴을 마주 보고 상담을 해도 인식률이 100%가 나오지 않는데, 비대면 상담에서 상담사가 고객에게 의도를 정확하게 전달하기란 쉽지 않습니다. 수많은 디테일이 모여야 완성할 수 있는 설명 능력, 어떻게 해야 높일 수 있을까요?

원활한 소통을 위한 몇 가지 설명법을 소개할까 합니다.

설명력
[명사] 어떤 일이나 대상의 내용을 상대편이 잘 알 수 있도록 쉽게 밝혀 설명하는 능력

1. 역지사지 설명법

상담사들이 자주 하는 질문 중 하나가 "어느 선까지 설명해야 하느냐"입니다.

답은, 상담사의 설명에 고객이 추가로 질문을 하지 않는 선까지 설명해야 합니다. 고객이 질문을 하면 상담사가 제시할 수 있는 모든 대안을 제시하는 것이 맞습니다. 가장 피해야 할 것이 단편적인 대답입니다.

[예시1]
- 고객: "카드를 분실해서 3주 전에 재발급 신청했는데 아직 카드가 안 왔어요. 신청된 게 맞아요?"
- 상담사: "네, 신청되었습니다."

☞ 고객은 카드 재발급 신청 여부만을 물어보는 것이 아닙니다. 이러한 답변은 또 다른 질문을 부를 뿐이지요. 처음부터 "네~ ○월 ○일에 정상적으로 신청되어 배송 중입니다. 카드를 받으실 주소가 ○○ 맞습니까?"라고 설명을 해야 합니다.

[예시2]
- 고객: "증명서 발급은 꼭 방문을 해야 하나요?"
- 상담사: "네~"

☞ 마찬가지로 위와 같은 단편적인 답이 아닌 "네~ 고객님께서 신분증을 가지고 고객 센터로 ○시까지 방문하시면 가능합니다."라고 설명해야 이 질문에 대한 고객의 추가 질문이 발생하지 않습니다. 단편적인 답변은 또 다른 질문을 부를 뿐입니다. 역지사지 설명법은 단편적인 답을 하지 않는 것에서부터 시작된다는 것을 기억해야 합니다.

2. 두괄식 설명법

전화 상담에서 기승전결식으로 말하는 미괄식 설명법은 자칫하면 상담이 장황해져서 전달력이 떨어집니다. 고객에게 말할 때에는 결론부터 말하고 그 후에 세부 내용을 설명해야 고객의 이해도를 높일 수 있습니다.

- 고객: "제가 이름을 바꿨는데 콜센터에서 개명 신청을 할 수 있나요?"
- 상담사: "고객님의 신분증과 증명서를 팩스로 보내 주셔야 하는데 보내실 팩스 번호는 ○○○-○○○○입니다. 팩스를 몇 시까지 보내 주실 수 있으세요?"

☞고객의 질문에 제일 먼저 해야 할 일은 "그렇다", "아니다"를 답하는 것입니다.
위에 답변을 아래와 같이 바꿔 볼 수 있습니다.

- 고객: "제가 이름을 바꿨는데 콜센터에서 개명 신청을 할 수 있나요?"
- 상담사: "네, 콜센터에서 처리 가능합니다. (쉬고) 다만 업무 처리를 위해서는 서류가 필요한데, 혹시 서류를 팩스로 보내 주실 수 있으세요?"
- 고객: "네, 보낼 수 있어요."
- 상담사: "네~ 그러시면 필요한 서류와 팩스 번호를 안내해 드리

겠습니다. 메모 가능하십니까?"

☞ 전달이 아니라 고객과 대화를 해 주세요.

결론을 먼저 말한 후에 세부 내용을 설명해도 늦지 않습니다. 급할수록 돌아가라는 말이 있지요. 차근차근 가는 게 가장 빠른 방법이라는 것을 기억해 주세요.

3. 고객을 기다리게 하지 않는 설명법

스크립트에 쓰인 대로만 상담이 진행된다면 얼마나 좋을까요? 하지만 상담 중 예상치 못한 변수는 항상 발생합니다.

예를 들어 상담사가 고객에게 1번-2번-3번-4번-5번을 순서대로 설명해야 한다고 생각해 보세요. 상담사가 1번과 2번을 설명하고 3번을 설명하려는 찰나, 고객이 갑자기 "근데 ○○는 뭐예요?"라며 다른 내용을 추가로 물어본다면 상담사는 어떻게 해야 할까요?

방법은 두 가지입니다.

첫째, 하던 안내를 중단하고 추가 질문에 먼저 답변한다. 그러고 나서 3번부터 이어서 설명한다.

둘째, 고객에게 '지금 하고 있는 안내를 마무리하고 추가 질문에 대한 답을 해도 되는지' 물어본 후 고객의 답변에 따라 진행한다.

명확하지요? 그런데 이 두 가지 방법이 아닌 다른 선택을 하는 경우가 있습니다.

셋째, 고객이 끼어들든 말든 5번까지 쭉 안내한다. 그러고 나서 고객에게 추가 질문이 무엇이었는지 다시 물어본다.

세 번째 상담은 전형적인 상담사 중심의 상담입니다. 이런 상담을 하는 상담사에게 피드백을 하면 "헷갈릴까 봐 그랬어요.", "까먹을까 봐 그랬어요."라고 말합니다. 이런 상황에 대비하기 위해 메모를 하는 것입니다. 상담 중 아주 잠깐의 순간이라도 고객을 기다리게 하지 마세요. (상담사가 업무 확인차 정식으로 양해 멘트를 하고 고객을 대기시키는 경우는 제외) 상담사의 흐름을 우선에 두는 순간, 고객은 무시당했다고 느낍니다. 상담의 모든 순간에 고객을 중심에 두어야 합니다.

4. 맺고 끊기를 잘하는 설명법

고객이 상담사의 말을 빠르게 이해하기 위해서는 상담사의 말에 맺고 끊음이 정확히 있어야 합니다. 말을 잘 맺고 끊기 위해서는 '그러므로', '따라서', '그리고' 같은 연결어 사용을 잘해야 합니다.

[예시]

"주소 변경해 드렸습니다. **그리고** 이어서 서류 발급 도와드리겠습니다."

"보안 카드 재발급은 콜센터에서 가능하지 않습니다. **그러므로** 신분증을 가지고 방문하셔야 합니다."

문장을 잘 끊고, 연결을 잘하면 고객이 빠르게 생각을 전환할 수 있습니다. 다만 맥락에 맞지 않게 연결어를 사용하면 오히려 고객의 이해도를 떨어트릴 수 있습니다. 보통 맥락에 맞지 않는 연결어 사용은 상담사의 말이 길어질 때 발생합니다. 말을 끊지 않고 계속 연결해서 말하면 상담사 자신도 무슨 말을 하고 있는지 알지 못하여 상담이 계속 꼬이는 현상이 발생합니다. 그러므로 말을 할 때 문장을 계속 연결하지 말고 끊어서 설명하는 습관을 들여야 합니다.

콜센터는 언뜻 보면 상담사 모두가 같은 일을 하고 있는 것처럼 보입니다. 하지만 상담사들의 시간은 각각 다르게 쌓여 갑니다. 누군가는 상담사 중심으로, 누군가는 고객 중심으로 상담을 하지요. 이들의 하루하루는 분명한 차이가 있습니다.

고객 중심의 상담을 하는 상담사는 바쁩니다. 매 순간 고객의 입장에서 생각하고 상담을 하니 고객의 불편함이 눈에 보입니다. 불편함을 해결하기 위해 상담사 스스로 상담 매뉴얼을 조정하거나 회사에 건의를 합니다. 이런 상담사가 차곡차곡 쌓은 경험은 질이 다릅니다. 조금 더 눈을 크게 뜨고 귀를 기울여 보세요. 고객 중심의 상담을 하는 주체성 있는 상담사가 되기를 바랍니다.

표면 행위 vs 내면 행위

"코로나-19로 인해 경제적 사정이 나빠져 보험을 해지하거나, 대출을 받는 고객들의 불안한 마음을 헤아려 봐야겠다는 생각이 조금은 생긴 것 같아요."

코로나 19 확산이 절정에 달했을 때 상담사들과 공감을 주제로 한 교육을 했는데, 어느 상담사가 교육 만족도 설문에 위와 같은 내용을 기재한 적이 있습니다. 어쩌면 저 글을 적은 상담사는 실제 저런 마음이 아니었을지도 모릅니다. 하지만 한 글자 한 글자 쓰면서 고객의 마음을 헤아리려고 본인의 마음을 다잡았을 수도 있을 거라 생각했습니다. 저에게는 많은 생각을 하게 한 문장이었습니다.

헤아리다
[동사] 짐작하여 가늠하거나 미루어 생각하다

고객상담을 할 때 상담사가 고객의 입장을 헤아리겠다는 마음으로 응대를 하면 어떤 일이 일어날까요?
고객이 상담사에게서 진정성을 느끼게 될 것입니다. 물론 진정성 있는 상담을 한다는 것이 그리 쉬운 일은 아닙니다. 상담사 스스로 감정을 잘 다스리고, 고객의 입장에서 상담을 하려는 큰 노력을 들여야 가능한 일이기 때문입니다. 상담사가 감정을 다스리고 표현하는 방법은 두 가지로 구분할 수 있는데 바로 표면 행위와 내면 행위입니다. 《오리지널스》의 저자 애덤 그랜트는 표면 행위와 내면 행위에 대해 아래와 같이 설명하였습니다.

> - 표면 행위: 감정의 동요가 없는 듯 보이기 위해 말투, 표현 등을 조정하는 행위
> - 내면 행위: 겉으로만 표현하는 데 그치지 않고 실제로 내면적인 감정을 바꾸는 행위

예전에는 서비스 마인드 교육을 할 때 주로 표면 행위를 강조하는 교육을 했습니다. 상담 시작 구간에서 무조건 호응어를 사용하라, 말끝을 올려라, 미소를 연출하라같이 상담사의 말투와 표현을 교정하는 교육과 코칭을 주로 했었지요. 물론 상담사에게 표면 행위가 불필요하다는 것은 아닙니다. 상담사가 상담에 대해 전혀 갈피를 잡지 못할 때에는 오히려 표면 행위를 통하여 프로세스를 정립해 나가는 것이 꼭 필요합니다. 하지만 이러한 표면 행위의 반복은 사람을 지치게 한다는 연구 결과가 있습니다. 상담사가 느끼지도 않는 감정을 계속 가장하여 표현하게 되면 스트레스에 시달려 쉽게 지치게 된다는 것입니다.

반대로 내면 행위는 상담사가 고객이 처한 상황에 공감하며 고객의 입장이 되어 응대를 하는 것입니다. 이렇게 하면 상담 중 자연스럽게 진정성 있는 친절함이 나타나게 됩니다.

이 같은 내면 행위는 실제 자신과 자신이 하는 역할 사이에 경계

를 허무는 일이고, 거짓으로 연기를 하는 것이 아니라 실제로 고객의 생각과 느낌을 경험 또는 가늠하여 표현하게 되는 것입니다. 한마디로 상담사의 감정과 표현을 일치시키는 것이지요. 그래서 고객의 감정을 경험하기 위해 콜센터 교육 과정에는 Role-Playing 시간이 포함되어 있습니다. 이 시간을 통해 고객이 어떻게 행동할지 예측하고, 상담 중에 어떻게 반응할지 예행연습을 하는 것입니다. 하지만 대부분의 콜센터가 Role-Playing 과정을 신입 상담사 교육에서만 진행하거나 중요하지 않게 다루고 있어서 내면 행위에 대해 이해하고 연습할 기회가 점점 줄어들고 있습니다.

사무 금융 우분투 재단의 지원으로 진행된 〈콜센터 노동자에 대한 인식 조사(2021)〉에 따르면, 상담사의 74.5%가 화를 내는 고객과 상담했고, 66.2%는 반말과 무시로 일관하는 고객과 전화를 해야 했다고 답했습니다. 일 처리를 빨리하라고 독촉하는 고객은 76.3%, 심지어 욕을 하는 고객을 마주한 경험도 46.2%에 달했습니다. 상황이 이러하니 무턱대고 "고객의 마음을 헤아려 보세요~"라고 할 수는 없는 노릇입니다.

고객의 입장을 헤아리며 진정성 있는 상담을 하기 위해서는 상담사가 표면 행위와 내면 행위를 구분하여 이해하고 그 과정에서 상담사 자신의 감정을 다스리는 방법을 터득해야 합니다.

1. 표면 행위와 내면 행위 분리하기

콜센터 환경과 역할의 변화에 따라 점점 많이 언급되는 단어가 AI 상담과 고차원 호응입니다. 고객은 단순한 업무는 AI 상담으로 신속하고 빠르게 해결하길 원합니다. 하지만 복잡하고 기민한 업무는 상담사와 대화하며 감정까지 해결하길 원합니다. 이때에 고객의 감정 해결을 위해 상담사에게 고차원 호응이 필요한 것입니다.

조금 더 구체적으로 이야기하면 업무 처리 절차, 연락처 안내와 같이 상담 시간이 짧고 고객과 갈등이 일어날 소지가 희박한 단순 문의에 대한 상담을 할 때에는 상담사가 표면 행위를 통하여 감정 소모를 줄이는 것입니다. 이와는 반대로 불만이 있는 민원, 복합 업무와 같이 갈등이 예상되는 상담을 할 때에는 상담사가 내면 행위를 통하여 고객의 감정을 터치하는 것이지요. 상담사가 감정을 조금만 바꾸어도 고객의 상황 속으로 들어가기 때문에 고차원 호응어는 자연스럽게 나오고 이때에 고객에게 진정성이 전달되는 것입니다.

감정을 가장하는 표면 행위가 반복되면 상담사가 너무 힘이 듭니다. 그렇다고 상담사가 매 순간 내면 행위를 통하여 감정 이입을 하는 것도 힘들기는 마찬가지입니다. 그리고 감정 이입이 과도할 경우 자칫 과잉 친절로 느껴지는 부작용도 있습니다. 상담사뿐만 아니라 고객도 원치 않는 과잉 친절은 서로의 감정만 소모할 뿐이지요. 표면 행위가 필요한 순간과 내면 행위가 필요한 순간을 구분하여 불필요한 감정의 소모는 줄이고 꼭 필요한 때에 에너지를 쏟아 효율적인 상담을 해야 상담사가 지치지 않습니다.

2. 감정 제대로 다스리기

그렇다면 상담사에게 내면 행위가 필요한 순간, 원활하게 내면 행위를 하기 위해서는 어떻게 해야 할까요?

바로 평소에 감정 관리를 꾸준하게 해야 합니다. 감정은 절대 만만한 것이 아닙니다. 감정은 학습을 해야 합니다. 부정적이고 불안한 감정들을 그냥 덮어 놓거나 쌓아 두면 반드시 부작용이 생기기 마련입니다. 상담사 본인의 감정이 불안정한 상태에서 어떻게 고객의 감정을 헤아릴 수 있을까요?

흔히 불안정하거나 화난 감정을 다스리는 방법으로 감정을 바로 표출해야 한다고 하는데요, 하지만 감정 표출은 오히려 화를 돋우고 공격적으로 변하는 결과를 가져옵니다.

아무리 상담을 하는 공간이 개인의 업무 공간일지라도 상담 좌석에서 욕을 하거나 볼펜을 던지는 등 감정을 표출하는 행동은 누구에게도 도움이 되지 않습니다. 알다시피 콜센터 상담 좌석은 앞뒤 좌우로 다른 상담사들과 함께 빼곡하게 붙어 있습니다. 이러한 환경에서 감정을 표출하는 것은 동료 상담사의 감정에까지 부정적인 영향을 끼칩니다.

감정을 제대로 다스리기 위해서는 어떻게 해야할까요? 일단, 부정적이고 불안한 감정 상태가 되었을 때 모든 생각과 행동을 멈추어 보세요. 불안정하고 화나는 마음을 애써 가라앉히는 것은 쉽지 않습니다. 감정을 억누르거나 급하게 전환하려고 하는 대신 몇 초간이라도 아무 생각을 하지 말고 가만히 있어 보세요. 그러고 나서 긍정의 도구를 이용하여 기분을 천천히 전환해 보는 겁니다. 긍정의 도구란 특별한 무언가가 아닙니다. 사랑하는 사람의 사진, 의미가 담긴 인형이나 소품 등 행복한 기억을 떠올릴 수 있게 형상화한 것이라면 무엇이라도 좋습니다.

귀여움의 힘을 아시나요?《진화한 마음》의 저자 전중환 교수는 귀여움이 주는 즐거움이 우리의 마음을 어떻게 지배하는지에 대해 이야기했습니다. 귀여운 강아지와 새끼 고양이들의 사진을 본 집단이 주어진 과제를 더 섬세하게 해냈다는 연구 결과가 있는 것처럼 귀여움은 우리의 감정을 긍정적으로 전환시키는 대표적인 도구입니다. 실제로 많은 상담사가 책상 위에 자녀의 사진이나 반려견, 반려묘의 사진을 올려놓고 보면서 감정을 전환하고 있습니다. 귀여움의 힘을 이용하는 것이지요.

일단 멈춤, 그리고 긍정의 도구를 이용한 감정 전환!
이 순서대로 감정을 다스려 보기 바랍니다.

상담사가 상담을 할 때 '매일 똑같은 인사말, 똑같은 화법, 고객은 나를 괴롭히는 사람, 나는 피해자'라고 설정하고 상담을 하면 하루하루가 괴롭고 지루합니다. 반면 오늘의 날씨를 생각하면서 첫인사를 하고, 어떻게 하면 고객이 이해하기 쉽게 설명할까를 고민하며 고객의 상황 속으로 들어가는 상담사는 하루하루가 설레고 즐겁습니다. 일을 할 때 어떻게 하면 일을 더 잘할 수 있을까를 고민하고, 집중하는 사람이 더 행복하다고 합니다. 타인과 비교하는 게 아니라 어제의 나와 비교하면서 일을 하다 보면 결국 스스로 리더가 되어 자신의 일에서 가치를 찾아가게 됩니다. 그래서 상담사에게 셀프 리더십이 필요한 것입니다. 하지만 셀프 리더십을 소홀히 생각하는 상담사들이 많이 있습니다.

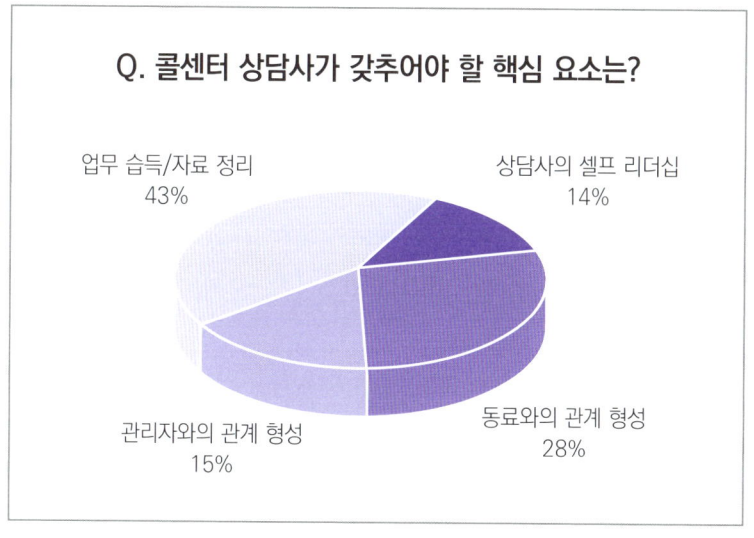

*콜센터 상담사 인식도 조사_2023

콜센터 상담사를 대상으로 "상담사가 갖추어야 할 핵심 요소가 무엇인가?"라는 설문을 하였는데, 여러 요소 중 셀프 리더십이라고 답변한 상담사의 비율이 가장 적었습니다. 많은 상담사가 셀프 리더십보다는 업무 습득, 관계 형성이 중요하다고 답변하였는데, 사실 이 모든 것을 잘하기 위해서는 셀프 리더십이 기반되어야 합니다. 업무를 숙지하는 것도, 동료와 관계를 형성하는 것도 모두 상담사가 주도성을 가지지 않으면 제대로 해 나갈 수 없기 때문입니다.

상담사는 셀프 리더십을 바탕으로 본인의 감정을 다스리고 난 후, 그다음에 고객의 마음을 헤아리려고 노력해야 합니다. 상담사 자신의 마음도 모르고, 고객의 마음도 모른 채 스크립트만 읽어 내려가는 상담이 반복된다면 일을 통해 얻게 되는 보람과 성취감은 기대할 수 없습니다. 제가 상담사에게 보람이나 성취감에 대해 강조하면 "팀장님~ 저는 보람 같은 거 안 느껴도 돼요."라고 말하는 상담사도 있습니다.

하지만 아침에 일어나 힘들게 출근한 이곳,

가족보다 오랜 시간 함께하는 동료가 있는 이곳,

나의 상담에 고마워하는 고객이 있는 이곳은 바로 우리의 시간을 간직하고 있는 콜센터입니다.

소중한 우리의 공간이 무의미해지지 않도록 먼저 내 감정을 들여다보고 동료와 고객의 감정을 들여다보면서 더 많은 감정을 느끼고 경험하면 좋겠습니다. 그래서 우리의 콜센터가 긍정의 감정들로 가득 차 반짝반짝 빛나고 풍성해지기를 기대합니다.

고객의 언어

팬데믹 초기 정신없이 하루하루를 보내던 어느 날, 제가 너무 지쳐 보였던지 친구 중 한 명이 "바람 보러 갈래?"라고 말한 적이 있습니다. 보통은 "바람이 부는 것을 보다.", "바람을 쐬다."라고 하잖아요. "바람을 보다."라는 표현이 재밌기도 하고 궁금하기도 해서 아무것도 묻지도, 따지지도 않고 따라나섰습니다.

'바람을 보러' 간 곳은 경기도 이천에 있는 설봉공원이었는데요, 공원 안에는 나무 형태의 구조물에 2007개의 도자 풍경을 매달아 바람이 불면 소리가 나는 조형물이 있었습니다. 그 조형물의 이름이 '소리나무'입니다. 친구는 바람에 따라 다양한 소리가 퍼지는 모습을 보러 가자고 말한 것이었어요. 만약 친구가 "바람 쐬러 갈래?"라고 했다면 아마도 이천으로 가는 길에 호기심과 설렘은 덜했을 것 같습니다. 노래 가사나 소설이 직관적이면 그 맛이 살지 않는 것처럼 우리의 삶 속에서는 어법에 맞지 않는 표현이 더욱 감성을 자극하며 즐거움을 더할 때가 있습니다.

하지만 상담을 할 때에는 어떤가요?

정확한 용어를 사용하고 어법과 맥락에 맞게 설명하는 것이 무엇보다 중요합니다. 전화 상담에서는 표정과 몸짓 언어가 배제되므로 크고 작은 오해가 생길 수 있기 때문입니다. 상담 중 고객과 오해를 줄이고 정확한 상담을 하기 위해서는 어떤 부분에 주의해야 할지 알아보겠습니다.

1. 주어부터 서술어까지 정확하게 말하기

주어와 서술어만으로 온전한 뜻을 전달하기 어려울 경우 보어를 사용하는데, 이때 '은, 는, 이, 가'를 정확하게 사용하여 문장을 완성해야 합니다. 또한 '누가, 무엇을, 어떻게, ○○하다'를 한 번에, 정확히 말하는 것이 중요합니다.

예를 들어 "①고객님께서 ②신분증을 가지고 ③고객센터로 ④○○시까지 방문하시면 됩니다."라는 문장에서 ①, ②, ③, ④ 중 하나라도 빠뜨린다면 완벽한 정보 전달이라고 할 수 없습니다. 하나라도 누락되면 고객은 반드시 추가 질문을 하게 되어 있습니다. 상담사는 행위의 주체가 누구인지 밝히고, 구체적인 행위와 행위의 목적을 정확하게 설명해야 합니다.

2. 중의적인 표현 지양하기

상담 중에 다양하게 해석될 수 있는 표현들로 인해 고객은 오해할 수 있습니다. 이는 크고 작은 민원으로 연결되기도 하지요. 특히 상담사가 설명의 일부를 누락하여 고객과 상담사가 각자의 생각대로 해석하는 경우가 자주 발생합니다.

- 상담사: "동일하게 해 드리겠습니다."
  - '동일하게'라는 말이 정확히 무엇을, 어느 시점에 했던 것을 의미하는지 상담을 진행하는 상담사는 알고 있을 것입니다. 하지만 상담사가 생각하는 그것을 고객도 똑같이 생각하고 있다고 장담할 수 있을까요?

● 상담사: "가까운 고객 센터로 방문하시면 됩니다."
☞ '누가' 방문하라는 걸까요?

　상담사와 코칭을 하며 이런 부분을 피드백하면 "에이~ 당연히 통화자가 가는 거죠~"라고 말합니다. 우리는 너무나도 다양한 고객을 응대하고 있습니다. 그렇기 때문에 모든 고객이 상담사가 의도하는 것을 똑같이 이해할 것이라고 생각하면 안 됩니다. 고객을 대할 때에는 어린아이처럼, 외국인처럼 대해야 한다는 말이 있죠? 그만큼 사소한 부분까지도 세심하게 설명해야 한다는 뜻입니다. 상담사가 하는 말이 여러 가지 의미로 해석되지 않도록 매 순간 꼼꼼하게 짚어 주어야 합니다.

3. 완곡어법 사용하기
　듣는 사람의 감정이 상하지 않도록 모나지 않고 부드럽게 표현하는 법을 완곡어법이라고 합니다. 고객의 말에 "아니요! 그게 아니구요."라고 직접적으로 부정하기보다는 "그렇지 않습니다."라고 표현하거나, "언제 죽었나요?"라고 하지 않고 "언제 돌아가셨습니까?"라고 표현하는 것이 이에 해당됩니다.

　대면 상담에서는 직설화법을 사용하더라도 표정과 신체 언어를 동반하기 때문에 고객의 감정을 상하게 하는 경우가 드뭅니다. 예를 들어 상대방과 대면한 상태에서 직원이 "아니요."라고 반박할 때,

두 손을 모으고 안타까운 표정을 지으며 고개를 살짝 오른쪽으로 기울이며 말한다고 생각해 보세요. 이럴 경우 표정과 신체 언어가 용어 자체의 느낌을 순화시키기 때문에 상대방이 부정적으로 느낄 확률은 낮습니다.

하지만 전화 상담에서는 시각적 효과가 모두 배제되기 때문에 용어 선택에 더욱 신경을 써서 고객의 감정을 상하게 하는 일이 없도록 해야 합니다.

이외에도 "○○라고 합니다.", "○○로 알고 있습니다." 같은 간접 화법은 고객에게 믿음을 줄 수 없으므로 지양해야 합니다. 특히 전산 화면에 있는 내용을 안내하면서 "환급금은 12만 원으로 확인됩니다.", "25일에 이체되는 걸로 확인됩니다."라고 표현하는 경우가 있는데 '확인'하는 것은 상담사의 상황이므로 고객에게는 "환급금은 12만 원입니다", "25일에 이체됩니다."라고 최종 결과만 안내해야 합니다.

상담에 적합한 표현과 용어에 대해 정리가 되셨나요?
상담사가 상담을 할 때 고객의 언어로 상담을 한다면 크고 작은 오해가 줄어들어 보다 원활한 상담을 할 수 있을 것입니다. 고객의 언어를 사용하여 상담 시간을 절약하고 감정의 소비도 줄이기를 바랍니다.

작은 것들의 힘

고객을 쫓는 것은 호랑이나 곰이 아니라 파리, 모기라는 말이 있지요. 식당 테이블 위에 머리카락 한 가닥, 얼룩진 물컵같이 사소한 한 가지 때문에 서비스의 전체 만족도가 떨어지기도 합니다. 상담을 하면서 작지만 꼭 지켜야 할 일들은 무엇이 있을까요?

1. 메모 습관화

예능 프로그램에서 게스트가 퀴즈를 풀 때, 자세히 보면 게스트 앞에 펜과 종이가 놓여 있는 것을 볼 수 있습니다. 출제자가 들려주는 문제를 모두 외우는 데에는 한계가 있기 때문에 문제의 요점을 메모하며 풀라는 뜻인데 이렇게 요점을 메모하는 것은 전화 상담을 할 때에도 중요한 일입니다.

고객의 니즈는 굉장히 다양하지만 상담사의 기억력에는 한계가 있어서 메모를 하지 않으면 실수할 수밖에 없습니다. 상담사가 이런 기본적인 메모하기를 소홀히 해서 상담의 흐름을 놓치거나 엉뚱한 방향으로 상담이 흘러가는 경우가 종종 발생합니다.

한 명의 고객과 상담을 한다고 하여 고객의 니즈가 한 가지인 것은 아닙니다. 예를 들어 고객이 카드대금 이체일을 변경하기 위해 콜센터로 전화를 했는데 본인 확인을(비대면 상담 시 고객의 정보를 확인하는 절차) 하는 과정에서 고객의 주소가 변경된 것을 발견했다면? 당연히 주소를 먼저 변경해 주어야겠지요. 하지만 상담사가 이를 메모하지 않고 머릿속으로만 '이체일 먼저 바꿔 준 다음에 주소 변경해야지~'라고 생각한 뒤에 주소 변경하는 것을 까맣게 잊고 상담을 종료하는 일은 흔히 발생합니다.

인간의 암기력과 집중력에는 한계가 있습니다.
그래서 기록을 해야 합니다. 기록은 기억을 이깁니다.
고객을 응대할 때에는 자신감 있게 하되, 그 과정에서 꼼꼼함을 놓치지 않는 것이 중요합니다. 그 시작은 메모의 습관화라는 것을 잊지 마세요.

2. 정확한 상담 기록

상담사는 상담을 마치면 회사 전산에 고객과 어떤 상담을 했는지 상담 이력을 남기게 되어 있습니다. 이때 상담 이력을 정확히 남기는 것은 중요한 일입니다. 왜냐면 정확한 상담 이력은 다음 상담을 원활하게 하기 위한 디딤돌이 되기 때문입니다.

상담 이력을 남길 때 신경 써야 할 것은 무엇일까요?

- 통화자: 본인/가족/제3자 등 통화한 사람이 누구인지 구분
- 상담 유형: 메인 문의가 무엇이었는지 유형을 정확하게 체크
- 세부 내용 기재: 금액/번호/날짜 등 숫자를 정확하게 남기고, 상담 내용을 간결하게 기재

1) 상담 이력에는 누가 전화를 했는지와 어떤 문의를 했는지 유형을 체크하고 특이 사항이 있으면 세부 내용을 기재합니다. 이러한 상담 이력을 정확하게 남기는 것은 중요합니다. 정확한 기록은 당장 다음 상담사의 원활한 상담을 돕기 위해서이기도 하지만 추후 콜센터 전체의 통계를 내는 데도 사용하기 때문에 주의해서 기록해야 합니다.

2) 간결하게 기록해야 합니다. 상담 이력에 미주알고주알 불필요한 내용까지 너무 많은 내용을 쓰는 경우를 가리켜 '상담 이력에 소설을 쓴다.'라고 말하는데 이럴 경우 다음 상담을 위한 디딤돌이 되기는커녕 걸림돌이 될 수 있습니다. 장황한 상담 이력은 가독성이 떨어져 다음 상담사가 신속하게 내용을 파악하기 어렵기 때문에 요점을 간단하고, 정확하게 남기는 것이 중요합니다.

3) 직전에 상담했던 상담사의 상담 이력을 참고할 때에도 주의해야 합니다. 사람은 누구나 실수를 할 수 있기 때문에 상담 이력을 잘못 남길 수도 있습니다. 특히 숫자를 기재할 때 발생된 오타는 오안내로 직결될 수 있지요. 이런 여러 가지 가능성들 때문에 상담사는 직전 상담사가 작성한 상담 이력에 기재된 내용을 100% 확신하고 의지하기보다는 대략적인 흐름을 파악하는 도구로만 사용해야 합니다.

3. 고객 배려 멘트

식당에 갔다. 분명히 내가 들어온 것을 직원이 봤을 텐데 인사도 없고, 앉으라는 말도 없다. 기분이 상했지만 일단 빈 테이블을 찾아가서 앉았다. 그런데 왜 주문을 받으러 오지 않는 거지? 2차로 기분이 상한 상태에서 직원을 불러 주문을 마쳤다. 그런데 시간이 지나도 내가 주문한 음식이 나오지 않는다. 이때부터 나는 초조해지고 여러 가지 생각이 든다. 점심시간이라 바쁜가… 설마 주문을 빠뜨린 건 아니겠지?

얼마 전에 점심을 먹으러 간 식당에서 겪은 일입니다. 음식이 나오기까지 얼마나 답답하고 짜증이 나던지 '다시는 여기 오지 않으리라~' 하고 다짐했던 기억이 납니다.

모두가 대접받기 좋아하는 세상이지요.
그런데 이 대접이라는 게 거창한 무언가가 아닙니다.
"어서 오세요~", "여기 앉으세요~", "주문하시겠어요?", "지금 주문이 밀려서 음식이 조금 늦게 나올 것 같아요, 양해 부탁드립니다."
위와 같은 배려 멘트 하나면 충분합니다.

이러한 멘트를 하지 않아서 발생하는 미묘한 불편함은 전화 상담에서 더욱 두드러집니다. 고객은 오로지 상담사의 말 한마디 한마디에만 집중하니까요. 고객 방치는 금물이고, 중간 보고는 고객 배려의 시작입니다. 그러면 작지만 고객에게 존중감과 신뢰감을 전할 수 있는 표현에는 어떤 것들이 있을까요?

1) 고객 정보 보호 멘트
①-1. 고객 정보 확인 전 멘트: "고객님의 정보 보호를 위해 몇 가지 여쭤보겠습니다."
①-2. 고객 정보 확인 후 멘트: "확인해 주셔서 감사합니다."
☞ 고객의 정보를 다루기 전 양해를 구하고, 협조에 대한 감사를 표현하는 멘트입니다.

2) 고객 대기에 따른 양해 멘트
②-1. 고객 대기 전 양해 멘트: "잠시만 기다려 주시겠습니까?"
②-2. 고객 대기 후 감사 멘트: "기다려 주셔서 감사합니다."
②-3. (○○초 이상 고객 대기 시) "확인 중입니다. 잠시만 더 기다려 주시겠습니까?"
☞ 고객에게 기다림에 대한 시작을 알리고, 기다림이 끝났을 경우 고객이 다시 들을 준비가 되어 있는지 확인하는 멘트입니다. 만약 고객의 기다림이 길어질 경우, 장시간 기다림에 대한 양해를 추가로 구해야 합니다.

3) 고객이 메모해야 할 때 확인하는 멘트
③ "메모 가능하십니까?"

☞ 금액/주소/연락처/서류 등을 안내할 때 고객이 듣고 메모할 준비가 되어 있는지 확인하는 멘트입니다.

4) 상황별 양해 멘트
④-1. "안타깝지만 가능하지 않습니다. 번거롭겠지만 방문하셔야 합니다."
☞ 콜센터에서 처리 불가하여 방문 안내를 할 때 고객에게 양해를 구하는 멘트입니다.
④-2. "네, 기다리겠습니다. 천천히 하셔도 됩니다."
☞ 상담 중 고객이 확인을 하기 위해 시간을 달라고 요청하는 경우 고객이 급해지지 않도록 하기 위한 배려 멘트입니다.

세상 모든 일은 아주 작은 부분에서 결정된다고 하지요? 메모 습관화하기, 상담 이력 정확하게 남기기, 적절한 상황에서 고객을 배려하는 멘트 사용하기 등은 얼핏 보면 상담의 큰 흐름에 별로 영향이 없는 것처럼 느껴질 수 있습니다. 하지만 이러한 작은 배려가 고객 만족의 시작이 된다는 것을 기억해 주세요.

상담사의 리추얼

여기 비슷한 연차의 두 상담사가 있습니다.

A상담사는 출근해서 동료들과 대화를 하고, 9시 직전까지 스마트폰을 들여다보느라 바쁩니다. 9시가 되어 상담이 시작되면 더 바빠집니다. A상담사는 하루 종일 "오늘이 며칠이지?", "이거 언제 바뀌었지?", "팀장님 어디 갔어?"라는 말을 입에 달고 삽니다. 책상 위에는 다 사용한 종이컵들이 쌓여 가고 불필요한 자료들이 자리를 차지하고 있습니다. A상담사의 컴퓨터 바탕화면도 상황이 별반 다르지 않습니다. 뒤죽박죽 순서 없이 바탕화면을 빼곡히 채우고 있는 파일들. A상담사는 어제도 바쁘고 오늘도 바쁘고, 아침에도 바쁘고 퇴근할 때까지 바쁩니다. 하필 어제 A상담사의 불친절로 민원이 접수되는 바람에 담당 관리자에게 눈치가 보여 신경 쓰느라 죽을 지경입니다.

B상담사도 출근해서 스마트폰을 보고 동료들과 대화를 나눕니다. 그러다 9시가 되기 전 B상담사만의 리추얼을 시작합니다. 책상 위 청소하기, 공지 사항 확인 및 업데이트, 달력을 보며 상담에 필요한 일정 체크, 상담하면서 마실 물 떠 오기. 많은 것을 하는 것 같지만 5분도 채 걸리지 않습니다. 이미 몸에 배어 자동으로 나오는 행동들이기 때문입니다. 상담 시작 전에 업무 관련 공지 사항을 확인하고, 변경된 내용을 업데이트해 놨기 때문에 관리자에게 질문할 일이 별

로 없습니다. 오늘이 며칠인지, 청구 일정 등을 미리 숙지하고 있어서 고객의 질문에 바로바로 답변하니 상담이 간결합니다. 책상 위가 깨끗하고 음료도 준비해 놓아 불필요하게 이동할 일이 없습니다. 컴퓨터 바탕화면도 폴더별로 정리가 되어 있어서 고객이 난이도 높은 질문을 하더라도 내용을 빠르게 찾아 안내할 수 있습니다. 업무에 여유가 있으니 상담 품질 코칭 때 지적받았던 부분도 개선해 봐야겠다는 마음이 생깁니다. B상담사는 여유롭습니다. 그래서 콜센터에 특별한 일이 생겨도 크게 흔들림 없이 본인의 업무를 이어 갑니다.

두 상담사의 차이는 무엇일까요?
여러분도 각자의 하루를 떠올리며 생각해 보세요.

1. 자기 자동화

책상을 청소하고, 마실 물을 떠 오고, 공지 사항을 확인하고, 개인 자료를 업데이트하는 것은 결코 간단한 일이 아닙니다. 하지만 본인만의 리추얼을 개발하면 굳이 주의를 기울이지 않아도 몸이 알아서 자동으로 하게 되어 있습니다. 리추얼은 정해진 순서에 따라 규칙적으로 수행하는 행동 패턴을 말합니다. 마이클 하얏트의 《초생산성》에 리추얼이라는 개념이 나오는데 예를 들면 아침에 일어나서 샤워할 때를 생각해 보세요. 우리가 샤워 순서를 일일이 기억하면서 몸을 씻지는 않잖아요. 이처럼 모든 과정을 몸이 알아서 자동으로 하도록 만드는 것을 리추얼이라고 합니다. 일을 할 때도 마찬가지입니다. 업무 시작 리추얼과 함께 업무 종료 리추얼도 필요합니다. 당일 생산성(응대 콜 수, 통화 시간 등) 체크부터 업무 처리 누락 건은 없는지 점검하는 것까지 자동화시키는 것입니다. 직업군을 막론하고 성취도가 높은 사람들은 본인만의 리추얼이 있다고 합니다.

어느 날 코칭을 하는데 상담사가 밤새 잠을 못 잤다고 해서 그 이유를 물었습니다. 전날 상담을 하며 고객이 더 이상 본인의 통장에서 보험료가 이체되지 않도록 자동 이체 계좌를 해지해 달라고 했는데, 퇴근하고 밤에 잠들기 전에 문득 자동 이체 해지를 안 한 것 같은 느낌이 들었다고 합니다. 자동 이체 계좌 해지를 안 했다면 고객의 통장에서 보험료가 출금될 것이고 그렇게 되면 보험료 반환을 위해 상담사가 사유서를 써야 하는데 그게 걱정이 돼서 잠을 못 잤다고 하더라고요. 출근 후 확인해 보니 다행히 업무는 정상적으로 처리되어 있었고 상담사는 한숨을 쉬며 안도했지만 피곤함은 어찌할 수 없었다고 합니다.

만약 이 상담사가 '업무 종료 후 리추얼'을 가지고 있었다면 이런 걱정은 하지 않아도 되었을 것입니다.

지금 바로 각자의 리추얼을 만들어 보세요.
특별히 무언가를 새로 만들어야 하는 것이 아닙니다. 상담 시작 전과 상담 종료 후에 해야 할 일들을 구조화하고 반복하여 몸에 익히면 되는 것입니다.

2. 상담 공간 정리

　책상 위에 쓰레기가 쌓여 가고 오래된 책자와 문서들이 책상의 한 자리를 차지하고 있는데 상담에 집중이 잘되는 경우는 극히 드뭅니다. 혹시 지금 쓰레기 더미 위에서 일하고 있는 것은 아닌가요? 우리가 인식을 하든 못 하든 어수선한 환경은 우리의 일을 방해합니다. 집중력을 높여 효율 있는 상담을 하려면 오래된 자료는 버리고, 책상 위에 쓰레기를 바로바로 치우는 등 물리적인 환경을 깨끗하게 해야 합니다. 물리적 환경과 더불어 디지털 환경의 정리도 중요합니다. 요즘은 많은 회사가 업무 매뉴얼을 전자화하고 있습니다. Ctrl + F로 원하는 내용을 빠르게 찾기 위해서는 바탕화면의 여러 가지 폴더와 파일을 수시로 정리하는 것이 필요합니다.

　혹시 '킬링 타임용 to-do list'를 아시나요? 해야 할 일의 목록을 적어 놓는 'to-do list'라는 용어 앞에 '킬링 타임'을 붙인 것입니다. 상담 업무는 유동성이 크기 때문에 계획된 시간에 맞추어 무언가를 하기가 어렵습니다. 예를 들어 상담사를 찾는 고객이 많지 않은 때에는 상담사가 고객의 전화를 기다리는 시간도 같이 길어지게 됩니다. 하지만 그 시간이 아무리 길다고 해도 무언가를 계획하고 하기에는 부담스럽습니다. 언제 전화벨이 울릴지 모르니까요. 이때 '킬링 타임용 to-do list'를 활용해 보세요. 바탕화면 파일 정리하기, 책상 위 먼지 닦기, 키보드 청소하기 등과 같이 전화벨이 울려서 갑자기 중단해도 괜찮은 일들을 하는 것입니다.

　지금 바로 본인만의 '킬링 타임용 to-do list'를 만들어 보세요.

3. 주의 잔류물

회사원은 평균적으로 3분마다 주의가 흐트러진다고 합니다. 집중하는 것 자체도 이렇게 힘든데, 상담사가 고객과 상담을 하면서 SNS를 확인하거나 상담 시작 직전까지 스마트폰으로 영상을 보는 행동은 너무 위험합니다. 인간의 뇌는 멀티태스킹에 적합하지 않다고 하지요. 그렇기 때문에 상담사가 스마트폰을 보다가 상담에 다시 집중하기까지 뇌에게는 꽤 많은 시간이 필요합니다.

'주의 잔류물'이라는 말을 아시나요?
주의력은 매끄럽게 전환되는 것이 아닙니다. 주의력 일부는 이전에 하고 있던 일에 잔류하게 되고 오랜 시간이 지나야 전환됩니다. 스마트폰을 보다가 상담으로 되돌아오기까지 뇌에는 혼돈의 시간이 발생하고, 이는 결국 집중력 하락으로 연결되어 오안내, 오처리가 생길 수밖에 없습니다.

콜센터 민원 발생 현황을 보면 상담사가 정말로 그 업무를 몰라서 실수하기보다는 순간적으로 집중하지 않아 실수하는 경우가 더 많습니다. 고객이 니즈를 말할 때 집중하지 않아 엉뚱한 답변을 하거나, 숫자 하나를 틀리게 말하는 등 상담에 집중하지 않아서 생기는 민원이 점점 늘어나고 있습니다.

뚜렷한 목적 없이 의미 없는 스크롤 내리기에 우리 뇌를 혹사시키지 마세요. 인스타그램 릴스나 유튜브 쇼츠는 한 번 누르는 순간 다시 제자리로 돌아오기 어렵다는 것을 꼭 기억하길 바랍니다.

4. 의자병 예방하기

콜센터 업무 특성상 상담을 하는 동안은 의자에 앉아 있을 수밖에 없습니다. 같은 자세로 오랜 시간을 앉아 있다 보니 점점 집중력이 떨어지고 간혹 졸음 상담으로 연결되기도 합니다.

어느 날 모니터링을 하는데, 한 상담사가 고객에게 오안내와 정안내를 반복하며 횡설수설하는 것을 듣게 되었습니다. 너무 의아하여 상담사에게 피드백을 하며 이유를 물었더니 "어머, 팀장님~ 그 콜 들었어요? 저 상담하다가 깜박 졸았잖아요. 저도 완전 놀랐어요."라고 대답했던 적이 있습니다.

졸음 상담을 방지하려면 어떻게 해야 할까요?

가장 확실한 방법은 틈틈이 몸을 움직여 주는 것입니다. 체계적으로 스트레칭을 하면 정말 좋겠지만 공간의 제약이 있기 때문에 팔과 다리를 쭉 늘이거나 목을 돌리는 등 자리에서 할 수 있는 몇 가지 동작만 반복해도 좋습니다. 그리고 일정 시간 동안 앉아 있었다면 잠시 일어나서 물을 떠오거나 창가 쪽으로 가서 밖을 보며 눈 운동을 해 주어야 합니다. 또한 잠시 멍을 때려 뇌에 휴식을 주면 집중력 향상에 도움이 됩니다.

혹시 '의자병(sitting disease)'에 대해 알고 있나요?

의자병은 보통 7~8시간 이상 앉아서 생활하면 발생할 수 있는 질병입니다. 담배를 태우는 것보다 더 위험하다는 의자병은 세계보건기구(WHO)에서 지정할 만큼 많은 질병을 유발합니다. 의자병이 불러오는 질환 중 난소암, 유방암, 자궁암도 있다고 하니, 졸음 상담 예방을 넘어서 상담사의 건강을 위해 꾸준한 스트레칭과 몸 움직이기는 필수입니다.

*다양한 의자병 질환과 예방 및 극복 방법

 본인만의 리추얼을 개발해 보세요. 그 리추얼을 체득하면 정리된 환경이 펼쳐지고 시간을 통제하는 능력이 생길 것입니다. 그렇게 하여 에너지는 덜 쓰지만 효율은 높은 하루하루를 만들길 바랍니다.

성과 관리

콜센터에 있으면 시간이 정말 빠르게 가는 것을 느낍니다. 아마 시간과 싸우며 일을 하다 보니 더욱 그런 느낌이 드는 것 같습니다. 상담사 모두 같은 하루를 보내지만, 시간이 훌쩍 지나 각자 다른 결과를 남기는 이유는 계획의 차이일 것입니다.

상담사와 대화를 하다 보면 간혹 회사의 성과 지표를 모르는 상담사가 있습니다. 목표를 모르니 계획을 세울 수도 없겠지요. 미국 속담에 '오직 죽은 물고기만이 물이 흐르는 대로 따라간다'고 하는데, 목표나 계획이 없으면 주체성을 가질 수 없고, 주체성이 없으면, 타인에게 의존하는 삶을 살게 됩니다. 오로지 중간 관리자가 하라는 대로만 하고 스스로 먼저 움직이지는 않는 것입니다. 건강한 주체성을 가지고 남들과 다른 결과를 남기려면 목표를 가지고, 목표를 달성할 수 있는 구체적인 계획을 세워야 합니다. 상담사가 성과 관리를 위해 스스로 체크해야 할 것은 무엇일까요?

1. 콜센터 성과 지표 알기

밤새도록 울고 누가 죽었는지 모른다는 말이 있지요?

이걸 지금 왜 하고 있는지, 목적을 모르고 목표도 없이 상담을 하고 있는 건 아닌지 생각해 보세요.

상담사에게 "올해 콜센터 목표 콜 수가 몇 콜이에요?", "이달은 가·감점 항목이 어떻게 돼요?"라고 질문하면 "저는 그런 거 잘 몰라요."라고 쿨하게 답하는 상담사들이 있습니다. 이건 쿨한 게 아니라 생각 없이 일을 하고 있는 것입니다. 회사가 목적을 공유하고 목표를 제시했다면, 그 목표를 달성하기 위해 구체적인 계획을 수립하고 성취해 나가는 것은 상담사 개개인이 해야 할 일입니다. 그런데 구체적인 계획이 없다면 내가 오늘 하루를, 한 달을 어떻게 보냈는지 알 방법이 없습니다.

지금 바로 콜센터의 성과 지표를 확인해 보세요. 그리고 나의 업무 능력에 맞게 나만의 목표를 세우길 바랍니다.

2. 기록

성과 지표를 정확하게 인지하고 구체적인 계획을 세웠다면 그 결과를 꾸준히 기록해야 합니다.

왜 기록해야 할까요?

기록하면서 계속 추이를 눈으로 봐야 개선할 수 있기 때문입니다. 어제 어땠는지 알아야 오늘의 액션 플랜을 세울 수 있습니다.

You can not control, what you can not measure.
측정할 수 없는 것은 컨트롤할 수도 없다.

— Peter Drucker

혹시 통계청에서 제공하는 '국민 삶의 질 지표 서비스'를 아시나요? 통계청에서는 2011년 '삶의 질 분석틀 및 지표 체계'를 개발하여

2017년부터 《국민 삶의 질 2017》 보고서를 작성하기 시작했습니다. 그 뒤, 지표 체계를 개편 및 공통 항목 등을 선정하여 매년 문맹률, 영아 사망률, 근로 시간 등 다양한 생활 영역의 지표들을 측정·분석하고 있습니다. 그런데 이런 것들을 집계하기 시작하면서부터 놀라운 일이 일어났는데, 그건 바로 측정을 하면 할수록 폐해와 관련된 지표들이 실제로 줄어들기 시작했다는 것입니다. 기록을 함으로써 문맹률, 질병률 등이 감소하게 된 것이지요.

글로 쓰면 이루어진다는 말이 있듯이 일단 기록하고 눈으로 봐야 합니다. 상담사가 오늘 하루 몇 콜을 응대했는지, 그중 콜 백은 몇 콜인지, 총 통화 시간과 후처리 시간은 어느 정도인지 등을 지속적으로 기록하며 데이터를 축척해 나가야 성과와 목표를 효율적으로 관리해 나갈 수 있습니다. 기록을 통한 작은 성취의 연속이 중요하다는 것을 잊지 마세요.

3. Tipping Point, 급변점

완벽한 계획을 세우고 매일매일 기록하며 관리함에도 불구하고 변화가 눈에 보이지 않거나 오히려 성과가 더 부진하게 나올 때가 있을 것입니다. 그럴 때 상담사는 "역시 나는 안 되나 봐요."라며 예전으로 되돌아가려고 합니다. 아직 제대로 해 보지도 않았으면서 말이죠.

티핑 포인트(Tipping Point)를 아시나요?

'갑자기 뒤집히는 점'이란 뜻으로 말콤 글래드웰이 기술한 개념인데, 어떠한 현상이 서서히 진행되다가 작은 요인으로 한순간 폭발하는 것을 말합니다. 작은 변화가 일정 기간 쌓이면서 급격히 큰 영향을 초래할 수 있는 상태가 되는 단계이지요.

갑자기 변화하는 순간.
저는 상담사들의 이런 순간을 수도 없이 봐 왔기 때문에 상담사가 좌절하거나 자신감 없는 모습을 보이면 "○○씨~ 내가 장담하는데 딱 ○개월만 지나면 ○○씨도 모르게 갑자기 감이 잡히는 순간이 올 거예요. 그러니 조급해 하지 말고 나만 믿고 같이 해 봐요."라고 자신 있게 말합니다. 상담사마다 그 시기는 다르지만 업무에 대해 감이 잡히는 순간이 분명히 옵니다.

갑자기 놀라운 성장세를 보이는 대나무 이야기를 아시나요? 대나무는 땅 밑에서 뿌리를 탄탄하게 하는 데에만 4년 이상이 걸린다고 합니다. 그러다 보니 위로 올라오는 시기는 자연스레 늦어지지요. 하지만 뿌리를 탄탄하게 하는 작업이 끝나면 하루에 20cm 이상도 자라난다고 합니다. 이처럼 상담사가 업무에 감을 잡는 시기도 정말 극적으로 옵니다. 내내 갈팡질팡하다가 딱 7개월, 13개월 등 어느 순간을 넘어서면서 급변점을 맞이하는 상담사들을 많이 봐 왔고, 그러한 순간을 경험하고 나서 저에게 고백을 하는 상담사들도 많았습니다.

꾸준히 기록하고 성취해 나가되 조급해하지 마세요. 계획하고 기록하고 지속하는 과정을 묵묵히 반복하면 어느 순간 가속이 생겨 탄탄한 실력으로 나타나게 될 것입니다.

신입 상담사에게

신입 상담사 교육 마지막 날이면, 상담사들의 얼굴에서 긴장감과 부담감이 생생하게 느껴집니다. 지난 몇 주간 업무 교육과 테스트, 실습을 마치고 내일부터는 현장에서 직접 부딪쳐야 한다고 생각하니 얼마나 떨릴까요? 그래서 신입 교육을 마무리할 때 상담사들에게 아래와 같은 이야기를 해 줍니다.

/

여러분 혹시 배구 경기 중계를 본 적이 있으세요?

배구는 무조건 한 세트마다 1점씩 총 25점을 먼저 내야 이기는 스포츠입니다. 야구에는 만루 홈런이 있고, 농구에는 3점 슛이 있지요. 그렇기 때문에 야구나 농구는 4점, 3점으로 경기를 한 방에 뒤집을 수 있습니다. 하지만 배구는 한 번에 2점, 3점을 낼 수 있는 방법이 절대 없습니다. 무조건 1점씩 내서 25점에 도달해야 합니다. 그래서 20점을 넘어서는 순간부터는 선수들의 실수 하나가 경기의 흐름과 결과에 큰 영향을 미치기 때문에 감독은 긴장의 끈을 놓지 않기 위해 중요한 순간 작전 타임을 부르곤 합니다. 중계 화면을 유심히 보면 이 작전 타임에 선수들끼리 파이팅을 외치며 하는 공통된 말이 있는데 바로 "1점만 내자! 1점만!"입니다.

맞습니다. 지금은 "빨리 25점을 내서 끝내자."가 아니라 '차분히 1점을 내는 것'에 집중해야 하는 순간인 것입니다.

상담도 똑같습니다.

아무리 의욕이 앞서도 첫인사를 건너뛰고 본론으로 들어갈 수는 없습니다. 아무리 자신이 없어도 종료 인사를 해야 상담을 끝낼 수 있습니다. 상담사 스스로의 상담 툴이 정립되지 않으면 계속 우왕좌왕하게 되고, 정말 중요한 것을 놓치며 시간을 흘려보내기 일쑤입니다. 세상 모든 힘듦을 다 짊어진 듯한 신입 상담사는 하루에도 몇 번씩 생각이 왔다 갔다 합니다. 상담을 계속해야 하나, 그만둬야 하나…. 그 와중에 같이 교육을 받았던 동기가 퇴사라도 한다고 하면 불안감은 더욱 커지고 고민의 강도는 높아지겠지요. 충분히 시도하고 노력해 봤는데 안 된다면 어쩔 수 없지만, 아직 제대로 해 본 것 없이 마냥 불안해하기만 하는 상담사라면 아래 이야기에 귀 기울여 보세요.

1. 실력이라는 알맹이

콜센터에서 오늘 하루 몇 콜을 받았는지는 가장 눈에 띄는 성과입니다. 하지만 몇 콜을 받았는지 숫자에만 신경 쓰다가 정작 중요한 알맹이를 놓치는 신입 상담사들이 너무 많습니다. 교육이 끝나면 일정 기간 동안 업무 적응을 위한 시간을 주는데 이 시기에는 몇 콜을 받았는지보다 어떻게 받았는지가 더 중요합니다. 너무 뻔한 말이지만 그 기간에는 한 콜을 받더라도 업무를 정확히 알고 넘어가는 것에 집중해야 합니다. 간혹 실력이 아닌 요령을 먼저 익히려고 하는 상담사들이 있습니다. 요령을 익혀 눈에 띄는 성과를 먼저 내고 싶어 하는 마음은 이해하지만 길게 봤을 때 이는 반드시 부작용을 가지고 옵니다.

《아기 돼지 삼형제》 이야기를 아시나요?
쉽게 집을 지으려고 첫째는 지푸라기로, 둘째는 나뭇가지로 후다닥 집을 짓습니다. 그리고 둘에서 힘들게 벽돌집을 짓는 막내를 비웃죠. 결과는 어떤가요? 우리는 어릴 때부터 이 동화를 읽으며 안전하고 편안한 집에 살고 싶다면 차근차근 벽돌집을 지어야 한다는 근면의 중요성에 대해 배우며 자라 왔습니다. 벽돌을 하나씩 올리듯 업무 지식을 탄탄하게 쌓아야 합니다. 정석대로 차근차근 상담하는 습관을 들이는 것이 무엇보다 중요한 시기입니다.

상담을 잘하기 위해서 절대적인 시간은 분명히 필요합니다. 태어나자마자 걸을 수 있는 아기는 없듯이 업무를 숙지하고 조직의 분위기에 적응하기 위해서는 물리적인 시간이 꼭 필요하다는 것을 간과하지 마세요. 그 시간이 정확히 얼마간의 시간이라고 단정 지을 수는 없습니다. 각 센터의 사정과 개인차가 있기 때문입니다. 하지만

이 시간을 건너뛸 수 있는 방법은 없다고 단언할 수 있습니다. 차곡차곡 벽돌을 쌓듯이 스스로 직접 경험해 봐야 합니다.

업무 숙지의 중요성은 아무리 강조해도 지나치지 않습니다. 업무를 익히는 과정에서 주의할 점은 무턱대고 아무 자료나 다 끌어모으다가 자료의 홍수에 빠지는 것입니다. 일회성으로 응대하고 끝나는 업무 자료는 그냥 흘려보내세요. 그런 자료들까지 다 가지고 있으면 혼란만 생길 뿐입니다. 그런데 그 자료가 일회성인지, 아닌지는 누가 판단해 줄까요?

당연히 스스로 판단해야 합니다. 본인의 상담 경험을 통해서 말이죠. 상담을 하면서 '요즘 ○○ 문의가 왜 갑자기 늘어났지?' 같은 의문을 스스로 가져 봐야 한다는 뜻입니다. 이런 의문이 생기고, 답을 찾고, 이해하는 과정을 반복하면서 진짜 경험이 생기며 성장하는 것입니다. 무조건 매뉴얼을 달달 외우라는 것이 아니라 흐름과 맥락을 고려하여 업무를 효율적으로 숙지하는 것이 중요합니다.

2. 좋은 상담 습관을 만들기

자라 보고 놀란 가슴 솥뚜껑 보고 놀란다는 말이 있듯이 입사 초기에는 전화벨만 울려도 놀라는 시기입니다. 모든 게 낯설고 조심스러울 때이지요. 이런 불안감은 상담 중에 "음…", "어…", "아…", "그게…" 같은 불안정한 말 습관으로 나타나기 쉬운데, 이는 상담의 흐름을 깨트리는 것은 물론이고 정중함도 떨어트리므로 반드시 고쳐야 합니다. 잘못된 습관을 들이면 안 되는 이유는 한 번 들인 습관은 소거하기 어렵기 때문입니다.

　상담 중 과도한 습관어로 인해 내용 정리가 되지 않아서 고민이라면 일단 고객에게 양해를 구하고 잠시 시간을 가져 보세요. 그리고 고객이 기다리는 동안 내용을 정리하여 안내하면 됩니다. 일단 생각이 정리되면 두려움은 줄어듭니다. 잠시 기다리게 한다고 하여 화를 내는 고객은 흔치 않습니다. 오히려 상담사가 질질 끌고 버벅거리면 불편해하지요.

　만약 업무 숙지는 잘했으나 너무 긴장되어 버벅거리는 경우라면 심호흡으로 아드레날린을 조절할 수 있습니다. 아래 호흡법은 쓰쿠바대학의 소야 히데아키 교수가 고안한 호흡법인데, 너무 긴장하여 아드레날린이 과도하게 분비되는 것을 억제하는 데 효과적입니다.

① 등을 쭉 펴고 바른 자세로 선다.
② 배꼽 아래 15cm 정도에 힘을 모으고 엉덩이 괄약근을 조인다.
③ 호흡은 코로 들이마시고 코로 내쉰다.
④ 5초간 크게 숨을 들이마시고 그대로 멈추었다가 7초 동안 깊이 숨을 내쉰다.

　긴장되면 심호흡을 하라는 말이 있는데 의학적 근거가 있는 긴장 완화법입니다. 저도 이 호흡법을 상담사들과 공유하고 있는데요, 차

례대로 몇 번만 반복해도 효과를 느낄 수 있습니다.

  습관은 어떠한 행동을 얼마나 반복하는지에 따라 만들어집니다. 중요한 것은 부정적인 행동도 반복하면 습관이 된다는 것입니다. 부정적인 행동이 쌓여 생긴 습관으로 상담의 질이 떨어지지 않도록 의식하고 노력해야 한다는 것을 기억해 주세요.

3. 건강한 몸, 건강한 상담

  콜센터 상담사가 주로 겪는 신체적 질환은 근골격계 질환과 난청, 이명 등이 있습니다. 오랜 시간 책상에 앉아 근무를 하기 때문에 거북목, 일자목 등의 VDT 증후군과 허리 디스크 같은 근골격계 질환이 발생할 수 있고, 헤드셋을 착용한 채 오랜 시간 통화를 하다 보니 청각에 이상이 생길 수 있습니다. 나의 몸과 마음을 가장 먼저 챙길 사람은 누구일까요? 바로 나입니다. 나를 아끼고 사랑하는 습관을 들여야 합니다.

  혹시 상담 중 의자 위에서 양반다리를 하거나 다리를 꼬거나 오랜 시간 움직임 없이 같은 자세로 앉아 있는 것은 아닌가요?

  의자에 앉을 때 습관적으로 다리는 꼬면 골반이 틀어져서 척추측만증이 발생하고 반복되면 척추디스크를 유발합니다.
  특히 장시간 의자에 앉아 있을 때 무의식중에 아래의 그림 (1)과

그림 (2) 같은 자세를 쉽게 하곤 하는데 허리를 휘게 하는 등 각종 질환을 유발할 수 있으므로 주의해야 합니다.

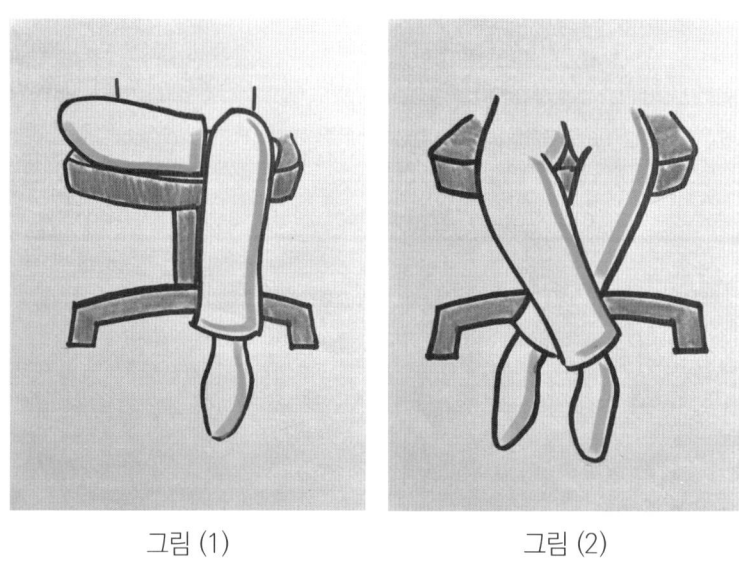

그림 (1)   그림 (2)

　자세 보정 의자나 쿠션 등을 이용하여 허리를 보호해야 하고 무엇보다 수시로 일어나서 몸을 움직여야 합니다. 스트레칭을 한다고 생각하면 부담스러워서 시도하지 않을 수도 있으니 그냥 자리에서 일어나 몸을 움직여 준다고 생각해 보세요.
　예를 들면 고개를 돌리거나 손을 머리 위로 쭉 올리고 발뒤꿈치를 들어 올리는 등 이렇게 간단한 동작만 해도 도움이 됩니다. 바른 자세를 유지하고 수시로 몸을 움직여 주어야 한다는 것을 기억해 주세요.

상담사가 근무하는 사무실에서 가장 더러운 곳은 어디일까요? 연구 결과에 따르면 전화기와 책상 위에서 가장 많은 세균이 검출된다고 합니다. 특히 키보드의 경우, 손이 자주 닿고 자판 틈으로 음식물 등이 들어가기 쉬운데 청소하기는 어렵기 때문에 화장실 변기보다도 더럽다고 합니다. 또한 상담은 계속 말을 하는 일이기 때문에 비말이 책상 위에 계속 퍼져서 더욱 위생에 신경 써야 합니다.

다른 사람의 책상이 아닌 나의 책상입니다. 키보드 스킨을 덮어 오염을 방지하고 세균의 온상이 되는 헤드셋 마이크 부분을 항상 깨끗하게 유지해 주세요. 또한 먹다 남은 음식물이나 음료는 바로바로 버리는 습관을 길러야 합니다.

4. 질문은 나의 힘

신입 상담사의 가장 강력한 특권은 무엇일까요?

바로 스스럼없이 질문할 수 있다는 것입니다. 질문을 잘하는 상담사가 되세요. 저는 상담사에게 질문을 자주 받는데 상담사의 질문을 듣다 보면 '상담 잘하는 상담사는 질문도 잘하는구나.'라고 생각하게 됩니다. 제발 질문을 하세요. 혹시 질문을 너무 많이 하면 미안해서 질문을 하지 않는 건가요? 그래도 질문을 해야 합니다. 미안한 마음을 가지는 것이 고객에게 오안내를 하는 것보다 낫습니다. 질문을 통하여 성장할 수 있는 시간을 그냥 흘려보내지 마세요.

질문을 할 때 주의할 점이 세 가지 있습니다.

첫째, 신입 상담사끼리 업무에 대해 질문하고 답을 구하는 행동은 위험합니다. 동료들과 경험은 공유하되, 업무 확인은 중간 관리자 또는 선배 상담사에게 해 주세요.

둘째, 같은 질문을 반복하면 곤란합니다. 중간 관리자나 선배 상담사에게 한 번 질문했던 내용을 여러 차례 반복하는 상담사가 있습니다. 그런 상담사의 행동을 지켜보면 질문에 대한 답변을 받았을 때 메모해 두지 않고 그걸로 끝낸다는 것입니다. 한 번 물어봤던 내용은 꼭 메모를 하여 다음 상담에 적용해야 하고 그렇게 하면서 질문을 줄여 나가야 합니다.

셋째, 가장 중요한 것은 태도입니다. 특히 선배 상담사가 여러분의 질문에 답변을 해 주는 행동은 개인의 시간과 노력을 들여서 하는 배려입니다. 이러한 배려를 어떤 태도로 받는지는 정말 중요합니다.

저는 이것저것 참견하기를 좋아하는 성격이라 상담할 때에도 후배 상담사들의 질문에 답변을 잘 해 주는 선배였습니다.

그런데 어느 날 아침, 한 후배 상담사가 제가 출근해서 자리에 앉기도 전에 질문이 있다며 저에게 달려온 적이 있습니다. 사무실 계단을 올라와서 숨이 찬 상태였는데 제가 숨 돌릴 틈도 없이 옆에서 다다다 질문을 쏟아 놓는 후배 상담사에게 순간 너무 화가 나더라고요. 반복된 저의 배려가 당연하게 생각되었던 것일까요? 그날 이후로 배려를 제대로 받지 않는 사람에게는 어떠한 호의도 베풀지 말아야겠다고 다짐하게 되었습니다.

질문을 하면서 상대방의 눈치를 보라는 것이 아닙니다. 예의를 지키라는 것입니다. 결국은 태도가 모든 것을 결정한다는 것을 꼭 기억해 주세요.

5. 관계의 비밀

신입 교육을 갓 마쳤다면 콜센터에서 여러분은 제일 후배겠지요. 동기들의 얼굴은 다 알 것이고, 이제 센터에서 마주치는 모르는 얼굴들은 대부분 선배일 것입니다. 그렇다면 선배와 마주쳤을 때 가장 먼저 해야 할 일은 무엇일까요? 바로 인사 건네기입니다. 꼰대 같은 말이라고 생각하지 말고 비즈니스 매너라고 생각해 보세요. 모든 인간관계에서 인사가 얼마나 중요한지는 다들 잘 알고 있을 것입니다. 활기찬 목소리로 인사를 건네면 상대방보다 심리적으로 우위에 설 수 있다고 합니다. 심리적으로 우위에 있다면 관계를 형성하는 데 여유가 생겨 보다 긍정적인 관계로 발전시켜 나가기에 유리하겠지요. 인사를 안 하는 것은 생각보다 이미지에 많은 타격을 줍니다. 하물며 이 곳은 회사입니다. 회사에서 누군가에 대해 이야기하다 보면 "근데 그 사람은 왜 인사를 안 해?"라는 말을 종종 듣습니다. 인사를 안 하는 것은 우리가 생각하는 것보다 훨씬 더 부정적인 이미지를 크게 만들어 냅니다. 허리를 굽혀 소리 내어 인사하라는 것이 아닙니다. 간단한 눈인사만으로도 충분합니다. 인간은 혼자 살 수 없기 때문에 주변인의 도움을 받아야만 성장할 수 있습니다. 나에게 큰 자산이 될 관계를 만드는 방법은 거창한 것이 아닙니다.

눈 마주치면 인사하기!

참 쉽죠? 고민할 것 없이 바로 실천해 보세요.

세상 모든 일이 결코 한순간에 이루어지지 않는다는 것을 알고 있을 것입니다. 여러분의 과거가 쌓여 지금의 여러분이 만들어진 것처럼 지금의 시간이 쌓여 미래의 여러분이 만들어진다는 것을 이해하면 한순간도 허투루 보낼 수 없을 것입니다.

부담을 가지라는 게 아닙니다. 지금은 한 계단씩 올라가야 한다는 뜻입니다. 한 번에 두 계단씩, 세 계단씩 올라가려고 욕심을 부리면 넘어질 수 있습니다. 자신의 스텝 하나하나에 집중해 보세요.

반대로 너무 움츠러들고 위축되어 자신 없어 하는 상담사도 있습니다. 지금은 용기를 내야 할 때입니다. 빨리 부딪쳐 보고 체득해야 하는 시기입니다. 배구 선수가 기회가 왔을 때 공을 때리는 것처럼 한 콜 한 콜 자신감을 가지고 응대해 봐야 합니다. 모든 경험은 교훈을 남깁니다. 우리가 경험하는 것들의 가치를 알고 그 경험을 차곡차곡 쌓아 가면 좋겠습니다. 서로에게 관심 어린 눈빛을 보내 주세요. 동료들과 함께 협력하여 간다면 분명히 멀리 갈 수 있을 것입니다.

인생은 수학이 아니라고 하죠.

수학처럼 한 가지 답만 있지 않다는 뜻인데 고객상담도 마찬가지입니다. 고객과 상담하는 그 시간은 온전히 상담사 본인의 방식대로 풀어 가야 합니다. 그 과정을 잘 풀어 가기 위해 고민하고 노력하는 것은 각자의 몫이기 때문에 처음에 어떻게 습관을 들이느냐에 따라 결과는 다르게 나타납니다.

상담사는 항상 고민해야 합니다. 오늘의 고민은 내일의 나를 만들기 때문입니다. 고민하는 그 하루하루가 쌓여 어느 순간 성장한 자신의 모습을 보고 기뻐할 수 있기를 바랍니다. 갈팡질팡 걱정거리한 가득인 우리 신입 상담사의 앞날을 진심으로 응원합니다.

II.
중간 관리자에게

콜센터는 통제와 자율이 절묘하게 공존하는 곳이기에
리더의 역량이 부족해서 이를 제대로 조율하지 못하면
조직 전체가 흔들리게 됩니다.

중간 관리자의 진정한 가치

"중간 관리자들은 사업의 엔진이고, 일이 돌아가게 하는 톱니바퀴이며, 회사를 하나 되게 하는 접착제 역할을 하죠. 특히 재택과 출근이 복합된 하이브리드 근무가 점점 증가하고 직원 간 거리가 멀어지는 지금, 중간 관리자는 그 어느 때보다 중요합니다. 효과적으로 일하는 중간 관리자들은 인간적이면서 섬세한 의사소통 기술로 조직 내 서로 다른 계층 사이에서 공통점을 찾고 그들을 중재하는 요령을 가졌죠."

*출처: The Real Value of Middle Managers_자히라 제이서

기-승-전-리더이다!

오랫동안 조직 생활을 하면서 얻은 깨달음입니다.

리더의 역량에 따라 조직이 꽃을 피우기도 하고 반대로 망가지기도 하는 모습을 너무 많이 봐 왔기 때문입니다. 콜센터는 통제와 자율이 절묘하게 공존하는 곳이기에 리더의 역량이 부족하여 이를 제대로 조율하지 못하면 조직 전체가 흔들리게 됩니다.

상담사와 회사를 연결하는 콜센터의 중간 관리자는 양쪽의 입장을 대변하며 유기적으로 움직여야 하기 때문에 조직에 대한 높은 이해도를 갖춰야 합니다. 회사마다 호칭은 다르겠지만 콜센터 내에서 담당하는 업무에 따라 중간 관리자를 분류하면 ①현장에서 직접 상담사를 케어하는 운영 관리자, ②상담 품질 관리자, ③교육 강사로 나눌 수 있습니다. 저는 20년 넘게 콜센터에 근무하며 위에 나열한

모든 역할을 경험하면서 콜센터와 함께 살아왔습니다.

　20년 전, 운영 관리자로 발탁되었던 그때가 생생하게 기억납니다. 열정 하나면 다 될 줄 알았는데, 열정만으로 버티기엔 콜센터 현장이 너무 힘들었습니다. 상담사들의 성향 파악부터 실시간 업무 지원, 그리고 민원 고객 응대까지, 정말 죽을 것 같았습니다. 상담사로 근무하면서 바라본 콜센터와 시간이 지나 관리자가 되어 바라본 콜센터는 너무 큰 차이가 있었습니다. 죽을 것 같은 시간이 한 달 정도 되던 어느 날, 퇴근길에 지하철 안에서 저의 사수와 통화하며 "저 도저히 못하겠어요ㅠㅠ" 하고 펑펑 운 적이 있습니다. 그날따라 가방에 휴지도 없었는데 콧물은 왜 그리 줄줄 흐르던지, 힐끗거리는 주변의 시선이 신경도 쓰이지 않을 만큼 힘들었습니다.

　그렇게 꾸역꾸역 일 년, 이 년을 버티며 콜센터에서 울고 웃다 보니 어느새 20년이 훌쩍 지나갔습니다. 지하철에서 눈물 콧물을 흘리긴 했지만 상담사들과의 하루하루는 점점 즐겁고, 재미있어졌습니다. 그렇게 정신없는 시간을 보낸 몇 달 후에는 한 상담사에게 이런 쪽지도 받았습니다.

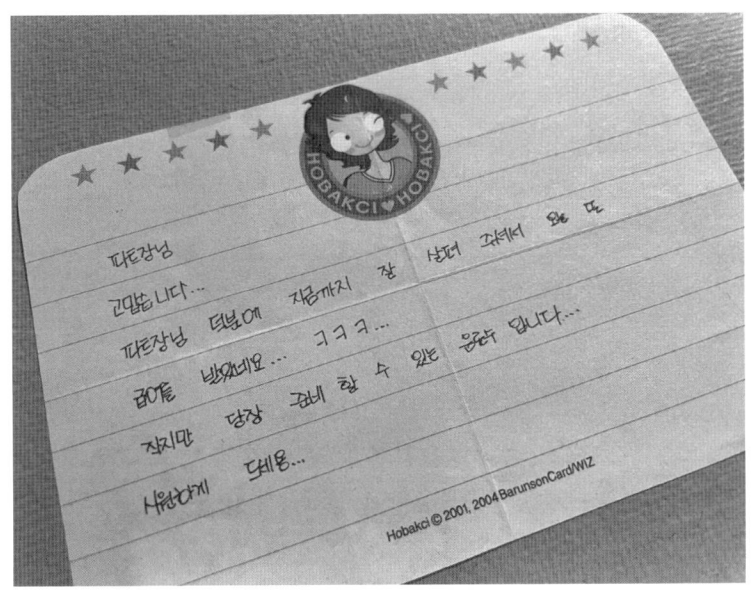

쪽지에는 "파트장님, 고맙습니다. 지금까지 잘 살펴주셔서 오늘 또 급여를 받았네요."라고 적혀 있었습니다. 상담사가 급여를 받으며 제 덕분이라고 하는데 이보다 큰 보람이 어디 있을까요? 저는 그때 받았던 쪽지를 빳빳한 비닐에 담아 20년이 지난 아직까지도 간직하고 있습니다.

상담사들은 회사와 직접 소통할 일이 드물기 때문에 오로지 현장에 있는 중간 관리자를 통하여 회사를 보고, 듣고, 느낍니다. 그만큼 중간 관리자의 생각과 행동은 상담사에게 많은 영향을 끼칩니다. 그래서 중간 관리자는 더 넓고 깊은 생각과 신중한 행동으로 회사와 상담사를 연결해야 합니다. 그야말로 콜센터의 톱니바퀴와 접착제 역할을 하는 것이지요. 이러한 중간 관리자의 가치는 더욱 높이 평가되어야 합니다.

당신 옆의 그 의자

보통 콜센터 현장에 있는 관리자의 책상 옆에는 의자가 하나씩 있습니다. 상담사들이 관리자에게 업무를 물어보러 오거나 대화를 하기 위해 수시로 왔다 갔다 하며 잠깐씩 앉기 위한 용도로 사용하지요.

상담사와 소통이 잘되는 관리자 옆에 있는 의자는 항상 바쁩니다. 업무와 관련된 이야기를 하는 상담사, 특별한 이유 없이 그 의자에 앉아 이런저런 이야기를 하는 상담사, 아침부터 민원 고객을 응대하느라 힘들었다고 속상함을 토로하는 상담사들로 인해 의자가 한가할 시간이 없습니다.

상담사와 소통이 안 되는 관리자는 어떨까요?
혹시 상담사가 퇴사를 결심했을 때 가장 먼저 보이는 행동이 무엇인지 아세요? 바로 관리자와 눈을 마주치지 않는 것입니다. 일정 기간 동안 관리자와 눈 마주치기를 피하던 상담사가 어느 날 "드릴 말씀이 있는데요."라고 다가오면 100% 퇴사를 이야기합니다. 상담사가 자신의 관리자와 소통이 안 된다는 느낌을 받으면 일단 얼굴 마주하기를 피하게 됩니다. 그런 관리자 옆에 있는 의자는 한가하지요. 상담사들이 다가오기는커녕 꼭 필요한 질문도 사내 메신저를 통해서만 하기 때문입니다.

사소하지만 사소하지 않은 이야기들로 관리자의 주변은 시끌시끌해야 합니다. 그래야 조직 내에서 정보 약자가 되지 않습니다.

"팀장님~ ○○ 씨 어디 아픈가 봐요. 아침부터 표정이 안 좋아 보이던데…"
"팀장님, 팀장님~ ○○랑 ○○ 싸웠나 봐. 며칠째 둘이 말을 안 해."
"팀장님~ 화장실 갔다가 옆 팀 ○○를 만났는데, 거기 오늘~~"

이러한 이야기들이 모이고 모여 관리자에겐 중요한 정보가 됩니다. 사소해 보이지만 절대로 사소한 이야기가 아닙니다. 중요한 것은 상담사가 이렇게 사소한 이야기까지도 거리낌 없이 관리자에게 말할 수 있어야 한다는 것입니다. 그래야만 상담사 본인이 실수를 했을 때에도 숨기지 않고 관리자에게 말할 수 있기 때문입니다. 상담사가 자신의 실수를 바로 알리지 않고 감추며 스스로 해결하려다 보면 문제가 커질 수밖에 없습니다.

《두려움 없는 조직》의 저자 에이미 애드먼슨은 역량 있는 인재를 보유하는 것만큼이나 중요한 것이 조직의 구성원들이 자신의 생각과 의견을 자유롭게 털어놓고 공유할 수 있도록 '심리적으로 편안한 분위기'를 조성해 주는 것이라고 하였습니다. 구성원이 심리적 안정감을 느끼도록 하는 것인데 심리적 안정감(Psychological Safety)이란, 넓은 의미에서 조직의 구성원이 자유롭게 의사소통할 수 있는 분위기를 뜻합니다. 즉, 곤란한 상황에 직면하거나 보복당할지도 모른다는 두려움에서 벗어나 구성원이 자신의 실수를 기꺼이 이야기할 수 있는 분위기를 조성해 주어야 한다는 것입니다.

물론 이런 분위기는 그냥 만들어지지 않습니다. 관리자가 상담사에게 관심을 가지고 다가가서 상담사의 이야기를 들어 주는 것에서부터 시작됩니다. 하지만 상담사의 이야기를 진심으로 듣는다는 게 결코 쉬운 일은 아닙니다. 상당히 지치는 일이고, 심지어 지금 당장 보고서에 써 내야 할 업무도 아니기 때문에 그냥 지나치기 쉽습니다. 결국 관리자가 의지를 가지고 상담사를 꾸준히 관찰하고 관계를 만들어 가는 것이 중요합니다. 그렇게 하다 보면 어느 순간 상담사는 조직 내에서 심리적 안정감을 느끼게 되고, 관리자에게 사소한 일들까지 미주알고주알 말할 수 있게 되는 것입니다.

최인철 교수는 《아주 보통의 행복》에서 친밀한 인간관계는 부정적 정서를 줄여 줄 뿐만 아니라 긍정 정서를 키워 준다고 하였습니다. 37개국 직장인들을 대상으로 행복을 결정하는 요인을 분석한 결과, 행복을 결정하는 요인 1위를 '직장 내 인간관계'라고 답했습니다. 그중에서도 상사와의 관계를 핵심으로 꼽았습니다. 좋은 상사는 직장인에게 최고의 행복인 것입니다. 이처럼 중간 관리자와 상담사의 관계는 중요합니다.

상담사는 자신의 리더가 궁금합니다. 나의 리더가 어떤 사람인지 잘 몰라서 불안함을 느끼는 것은 당연합니다. 중간 관리자는 상담사에게 자신을 먼저 소개하여 상담사가 빨리 안정감을 느끼게 해 주어야 합니다. 소개라고 해서 거창한 무언가를 하라는 게 아닙니다. 상담사와 계속 대화하며 자신을 솔직하게 보여 주고 상담사에게 질문하면서 상담사를 알아 가는 것입니다. 소통의 부재로 인해 불안감을 계속 가지고 갈 필요가 없다는 뜻입니다. 관리자는 상담사를 관찰하면서 상담사와 대화를 이어 나가야 합니다. 이 과정에서 주의할 점은 상담사의 말을 온전히 들어 주어야 한다는 것입니다. 관리자가 상담사와 대화를 하면서 "알아~ 나도 그랬어~ 그럴 때는~"이라고 하며 대화의 주체를 본인으로 전환해 버리는 경우가 있습니다. 이를 전환 리액션이라고 하는데, 이는 상담사가 온전히 말할 기회를 빼앗아 버리는 일입니다.

생각해 보세요. 어떤 상담사가 "나 아침부터 진상 고객 만나서 20분이나 통화했더니 너무 힘들어요~"라고 말했는데 그 말을 들은 관리자가 "나는 예전에 30분 넘게 통화했어~ 20분 가지고 무슨~"이라고 말하면 얼마나 김이 빠질까요? 관리자는 상담사로부터 대화의 주체를 가져오면 안 됩니다. 상담사 안으로 들어가서 온전히 듣고 공감해 주어야 합니다.

지금 당신 옆에 있는 의자를 한번 돌아보세요.
상담사들이 왔다 갔다 하느라 바쁜가요? 아니면 하루 종일 당신의 가방과 외투만이 그 자리를 차지하고 있나요? 의자는 답을 알고 있을 것입니다.

리더십의 시작, 공감

저는 살면서 공감이라는 것을 인간이 느끼는 하나의 감정으로 생각했지, 능력으로 생각해 본 적이 없었습니다. 하지만 조직 생활을 오래 하다 보니 공감은 단순한 감정이 아니라 그 사람이 일을 잘하는지, 못하는지를 결정하는 중요한 능력이라는 것을 알게 되었습니다. 조직 내에 관계 갈등이라는 문제가 발생했을 때, 그 상황에 공감을 해야 맥락을 파악할 수 있고, 맥락을 파악해야 답을 찾을 수 있는데 공감을 하지 못하면 도저히 답을 찾을 방법이 없기 때문입니다. 정말로 공감은 지능이었습니다.

세상 어디에든 공감 능력이 없거나 부족한 사람이 있듯이 콜센터 중간 관리자 중에도 이러한 사람이 있게 마련입니다. 저는 예전에 상담사 대상으로 교육을 하면서 관리자의 공감 능력 부족이 미치는 영향에 대해 고민해 볼 기회가 있었습니다. 그날 교육의 주제는 '고객을 응대하느라 힘든 너와 나, 우리의 마음 위로하기'였습니다. 상담사가 상담 중 겪는 어려움을 토로하고 동료 간에 마음 챙김을 하자는 내용이 교육의 핵심이었지요. 교육 막바지에 위 내용과 관련된 감동적인 동영상을 공유했을 때엔, 많은 상담사들이 영상 내용에 공감하였고 눈물을 글썽이는 상담사도 있었습니다. 교육이 끝나고 상담사들끼리 삼삼오오 교육 내용에 대해 이야기하며 눈물을 훔치고 있던 찰나, 교육장 뒤에 앉아 교육을 함께 들었던 관리자가 갑자기 단상 앞으로 나오더니 "자자! 공지 사항 전달할게요! 이번 주부터 어쩌고저쩌고……"라며 10분을 떠드는 게 아니겠어요?

훌쩍이던 상담사들의 눈물은 쏙 들어가고 교육의 여운은 순식간에 사라졌습니다. 상담사들 모두 딱딱한 공지 사항만을 머릿속에 남긴 채 교육장을 빠져나갔습니다.

'하… 내가 어떻게 만든 분위기인데… 교육의 여운을 이렇게 날려 버리다니….'

정말 '찬물을 끼얹다'라는 말이 무슨 뜻인지 온몸으로 체험한 날이었습니다.

그날 저는 허탈한 마음에 교육장에 홀로 남아 많은 생각을 했습니다. 저는 그 교육을 통해 상담사들이 동료와의 관계에서 공감 능력을 발휘하고 타인의 힘듦을 돌아보며 위로하는 마음을 가지길 기대했습니다. 그래서 그 여운을 교육장 너머 상담사의 자리까지 조금이라도 더 길게 가져가길 바랐습니다. 만약 그 관리자가 교육의 내용을 이해하고 상담사들이 느끼는 감정에 공감했다면 어땠을까요? 지금 상담사들이 왜 훌쩍이고 있는지 이해했다면 아무리 중요한 공지사항이었더라도 다른 전달 방법을 찾았을 것입니다. 상담사들 모두가 공감하며 훌쩍이는 교육장의 분위기를 깰 수는 없으니까요.

그 관리자는 평소에 누구와도 소통이 안 되기로 유명한 사람이었습니다. 사실 교육장에 앉아 있을 때부터 불안했습니다. '하! 공감 능력이 저리도 부족한데 상담사들과는 어떻게 소통을 할까? 저런 관리자가 존재하는데 교육 강사가 상담사들에게 아무리 공감에 대해 교육을 한들 소용이 있을까?'라는 생각이 들었습니다.

리더십의 시작은 공감입니다.

상담사들과의 소통, 동료 관리자와의 소통을 통해 조직의 분위기를 알고 공감해야 하는데 이는 결코 쉬운 일이 아닙니다. 많은 에너지가 소모되는 일이지요. 하지만 관리자가 이 부분을 소홀히 한다면 어느 순간 혼자만의 섬에 있는 자신을 발견하게 될 것입니다. 섬에 갇히는 것은 순식간이지만 빠져나오기는 정말 어렵습니다. 관리자는 상담사들과의 관계에서 고립되는 것을 경계해야 합니다. 만약 당신의 팀원들 모두가 당신이 무슨 말을 하든 어떠한 반박이나 대답도 하지 않고 당신의 말을 그냥 듣기만 한다면 스스로 의심해 보세요.

팀원들 모두 당신의 말에 동의해서일까요? 아닙니다. 당신에게 더 이상 기대하지 않고 가면을 쓰기로 결심한 것일 수 있습니다. 갈등을 키우지 않기 위해 팀원들이 간접적으로 당신을 무시하는 회피의 대화를 하고 있는 것일 수도 있다는 뜻입니다. 상담사들이 당신 앞에 와서 서운함을 토로해야 그 관계가 건강하고 발전적인 관계가 될 수 있는 것입니다. 상담사들이 당신의 말과 행동에 실망하여 '말해봐야 소용없다.'라고 느끼게 만들지 마세요. 상담사가 당신과의 대화를 회피하는 순간 더 이상 소통은 불가능합니다.

리더는 자기만의 주관을 가져야 합니다. 리더의 주관은 사용하는 언어로 표현되지요. 철학자 루트비히 비트겐슈타인은 "내 언어의 한계는 내 세계의 한계를 의미한다."라고 하였습니다. 상담사의 언어와 리더의 언어는 달라야 합니다. 리더가 언어의 세계를 넓히려면 사고의 세계를 넓혀야 하는데 그렇게 하기 위해서는 꾸준히 공부하는 방법 밖에 없습니다. 리더가 공부하고 성장하면 조직원도 같이 성장하고, 리더가 공부하지 않으면 리더 자신만 망치는 것이 아니라 조직원까지도 망치게 됩니다.

저는 조직 생활을 하며 수많은 리더를 만났습니다. 그중에는 저를 성장하게 한 리더도 있었지만 그렇지 않은 리더도 있었습니다. 퇴근하고 북 콘서트에 가려는 저에게 "왜 그렇게 피곤하게 사냐."라고 나무라는 리더도 있었고, 책 많이 읽어 봐야 머리만 복잡해진다고 말하는 리더도 있었고, 본인의 안위를 위해 저의 승진을 막은 리더도 있었습니다. 리더의 자리는 결코 가벼운 자리가 아닙니다. 자기 주관을 가지고 상담사를 이끌기 위해서는 계속 공부해서 트렌드를 이해하고, 업무를 정확히 숙지해야 하며 꾸준히 상담사들과 소통해야 합니다.

그런데 중간 관리자가 되는 순간부터 희한하게 공부를 더 안 하게 됩니다. 물론 실시간으로 돌아가는 콜센터 현장에서 각종 회의, 보고 등으로 인해 어쩔 수 없는 일이기도 합니다. 하지만 그렇다고 하여 중간 관리자가 센터의 큰 이슈 사항을 놓쳐 혼자만 모르고 있거나 업무와 너무 담을 쌓아 상담사에게 오안내를 반복하면 곤란합니다.

저는 종종 상담사들의 좌석을 둘러보는데 어느 날 깜짝 놀랄 광경을 목격했습니다. 한 상담사가 운영 관리자에게 전날 교육받은 내용에 대해 질문을 했는데 운영 관리자가 "나 어제 휴가라 교육 못 들어서 나도 몰라요~"라고 말하며 대화를 끝내는 것이었습니다. 절대 있을 수 없는 일입니다. 상담사에게 "나도 모른다."라고 하는 것은 "나는 리더로서 자격이 없다."라고 말하는 것과 같지 않을까요? 관리자가 휴가라서 교육에 못 들어갔다면 상담사에게 두 가지 방법을 제시할 수 있습니다.

첫째는 관리자가 직접 내용을 확인하여 상담사에게 알려 주는 것이고, 둘째는 그 내용을 알고 있는 누군가에게 상담사가 찾아가도록 연결해 주는 것입니다.

중간 관리자가 콜센터 현장의 모든 일을 다 직접 처리할 필요는 없습니다. 중간 관리자는 상담사와 다른 일을 해야 합니다. 아웃소싱의 개념을 떠올려 보세요. 다른 누군가가 할 수 있는 일은 최대한 위임하고 중간 관리자는 그 시간에 효율 높은 일을 해야 합니다. 이 과정에서 전체적인 흐름만 놓치지 않으면 됩니다. 항상 고민하면서 사고의 세계를 넓혀 나가는 것이 중요합니다. 그래야 상담사들을 다양한 각도에서 바라보고 수용하며 이해할 수 있습니다.

그거 아세요? 허리띠가 한 칸 늘어나면 다시 줄이기 힘들다는 것을요.

업무를, 트렌드를, 소통하기를 한 번 놓치면 다시 따라가기 힘이 듭니다. 상담사는 리더와 단 한 번의 대화만으로도 바로 리더의 수준을 파악합니다. 그리고 나의 리더로 인정하고 진심으로 소통할지, 인정하지 않고 가면을 쓸지 결정합니다. 편안하게 느껴지는 리더와 만만하게 느껴지는 리더는 전혀 다른 개념입니다. 만만한 리더로 보여지는 순간 조직원을 통제하기는 어려워집니다.

만만한 리더로 보이지 않으려면 어떻게 해야 할까요? 어느 한 가지는 잘해야 하지 않을까요? 업무를 정확하게 숙지하여 빈틈없이 상담을 지원하거나 콜센터 안팎의 상황을 아주 잘 파악하고 있어서 상담사들에게 남다른 비전을 심어 주거나 관찰과 소통을 잘하여 조직이 잘 돌아가게 하거나 말이죠. 혹시 최근 들어 자꾸 눈을 피하는 상담사가 있는지, 하지 않던 지각을 하는 상담사는 없는지, 무엇보다 상담사들과 대화가 단절된 것은 아닌지, 그래서 소통이 아닌 공지 사항 전달만 하고 있는 것은 아닌지 되돌아보기를 바랍니다.

공정한 리더 VS 공정한 척 착각하는 리더

세상 어디든 성과를 잘 내는 사람이 있는 반면 그렇지 못하는 사람도 존재합니다. 그래서 조직을 원활하게 이끌기 위해서는 성과에 대한 보상이 정확히 이루어져야 합니다. 학습 이론으로 말하면 보상은 긍정적 행동을 일으키는 정적 강화인자라고 할 수 있는데 이는 금전적 혜택과 같은 물질적인 것일 수도 있고, 칭찬하기와 인정하기 같은 비물질적인 것일 수도 있습니다. 이러한 보상을 제대로 하기 위해서는 당연히 근거가 필요합니다. 콜센터는 보통 생산성, 상담 품질, 근무 태도 등의 수치를 활용하여 보상이 이루어집니다. 하지만 이런 공식적인 데이터에 나타나지는 않으나 콜센터 운영에 부정적인 영향을 주는 상담사들의 비계량적인 행동들이 존재하는데 예를 들면 아래와 같습니다.

- 매번 상담을 대충 하거나 애매하게 하여 동료를 힘들게 하는 상담사

- 자신의 무기력과 부정적인 기운을 동료에게 전파하는 상담사
- 상담 중 스마트폰을 보면서 불성실하고, 아슬아슬하게 상담하는 상담사

 이런 상담사들은 암묵적인 우리의 룰을 슬쩍슬쩍 어기면서 모두를 불편하게 만듭니다. 이럴 땐 어떻게 해야 할까요?
 중간 관리자가 나서서 정리를 해 줘야 합니다. 습관적으로 상담을 대충 해서 다른 상담사가 매번 뒤처리를 하게 만든다면 정확한 업무 처리 기준에 대해 피드백해야 합니다. 또한 동료들까지 부정적으로 만드는 상담사에게는 그렇게 하지 않도록 주의를 주어야 하며, 상담사가 상담 중 습관적으로 스마트폰을 보면 즉시 경고를 해야 합니다.

 공정함이 무엇인가요?
 위에 나열한 부적절한 사례의 상담사들과 묵묵히 일 잘하는 상담사들을 똑같이 대하는 리더가 공정한 리더인가요? 리더는 모든 상담사를 사랑해야 하지만 개별적으로 대하는 행동은 달라야 합니다. 리더가 상담사들의 업무 성과에 따라 적절한 보상도 하지 않고, 불이익도 주지 않는다면 그 리더는 아마 공정의 뜻을 잘못 이해했거나 조직을 제대로 관찰하지 않았기 때문일 것입니다. 싫은 소리 하는 걸 좋아하는 사람은 없습니다. 하지만 조직을 이끌다 보면 꼭 요청 피드백을 해야 할 때가 있습니다.

상담사가 일을 못 하면서 노력도 하지 않고 조직의 분위기를 갉아먹고 있다면 중간 관리자가 관찰한 데이터를 근거로 불이익을 줘야 합니다. 이러한 조치와 동시에 일을 잘 하고 있는 상담사에게는 보상을 해 주어야 합니다. 보상에는 금전적인 보상도 있지만 인정과 칭찬도 있으며, 공정한 업무 처리 결과를 보여 주는 것도 이에 해당됩니다.

어느 날 한 상담사가 저에게 와서 따지듯 물었습니다.
"팀장님~ ○○업무는 이렇게 처리하는 걸로 알고 있는데 이게 맞죠?"
"네~ 맞는데 왜요?"
"아니~ 어떤 고객이 저랑 통화하기 전에 △△△ 상담사랑 통화를 했는데 그 상담사는 ○○업무를 본인이 직접 처리하지 않고 고객한테 다시 전화하라고 했더라고요. 이렇게 하면 나중에 통화하는 상담사가 피해를 보잖아요."

위와 같이 일부 상담사가 상담 기준을 지키지 않아서 오히려 기준을 잘 지키고 있는 상담사가 피해를 보는 일이 종종 일어납니다. 이럴 때 중간 관리자가 개입하여 상황을 정리해 줘야 합니다. 수많은 불만 고객 중 극히 일부만 불만을 표현하고 나머지 고객은 침묵한 후 기업을 떠난다고 하지요? 마찬가지로 열심히 일하던 상담사가 공정하지 못한 상황을 반복적으로 겪은 후 어느 날 갑자기 퇴사하는 경우를 자주 보았습니다. 상담사가 본인은 회사의 기준을 잘 지켜

가며 열심히 일하고 있는데 그럴수록 점점 손해라고 느끼게 되고, 아무도 이 상황을 바로잡아 주지 않으면 실망하여 회사를 떠나게 되는 것입니다. 이렇게 중간 관리자가 제때에 개입하지 않아서 우수한 상담사를 잃는 경우가 생각보다 많이 있습니다.

그러면 중간 관리자는 언제, 어떻게 개입을 해야 할까요?
개입해야 할 일이 업무와 관련된 일이라면 비교적 간단합니다. 편법을 써 가며 기준을 어기는 상담사가 있다면 발견한 즉시 바로잡으면 됩니다.

첫째, 기준을 어긴 상담사에게 피드백을 합니다. 둘째, 혹시 다른 상담사도 기준을 어기고 있을 수 있으니 해당 내용을 전체 공지합니다. 마지막으로 이의를 제기했던 상담사에게 꼭 피드백 결과를 알려주어야 합니다. 그래야 상담사가 우리 조직이 합리적이고 공정하다고 느끼고 심리적으로 보상을 받게 됩니다.

그러면 업무 외에는 어떤 경우들이 있을까요?
상담사 휴가 일정을 정하는 것부터 상담 좌석을 배치하는 것까지 자칫 불공정하게 느껴질 일들이 콜센터에는 많이 있습니다. 저는 상담사들의 자리를 배치하는 일이 어려웠습니다. 고객상담은 예민한 업무이기 때문에 상담사들이 물리적인 환경에 많은 영향을 받습니다. 에어컨 바람이 시원하게 나오는 자리를 좋아하는 상담사도 있고, 차가운 바람을 싫어하는 상담사도 있습니다. 정수기가 가까운 자리는 물 뜨러 가기가 쉽다며 좋아하는 상담사도 있지만 물 따르는 소리가 거슬린다며 싫어하는 상담사도 있습니다.

연구 결과에 따르면 자연 채광이 가능한 창가 쪽에 근무하는 직원들의 스트레스 관련 증상이 그렇지 않은 직원들보다 23%가 적다는 이야기를 들은 후에는 이 부분도 좌석 배치에 반영하느라 머리가 더 복잡해지기도 했습니다. 상담사들의 성향은 모두 다르기 때문에 모두가 만족하는 대로 자리 배치가 될 수는 없지만 최대한 상담사들을 많이 관찰한 후에 공정하게 배치해야 합니다.

또한 콜센터는 응대율이라는 명확한 성과 달성을 해야 하기 때문에 상담사 모두가 원하는 날에 휴가를 사용하기 어렵습니다. 매번 공휴일 전날에 휴가를 붙여 쓰는 얄미운 상담사의 행동을 중간 관리자가 저지하지 못하면 다른 상담사들은 불만이 생길 수밖에 없습니다. 언뜻 보기에는 사소한 일들이라고 느낄 수 있겠지만 이런 작은 일들을 바로잡는 게 공정함의 시작이 아닐까요?

공정함이 자주 언급되는 예민한 시대입니다. 하지만 다들 성인이기 때문에 중간 관리자가 너무 깊이 개입하면 상담사들이 피곤해하고 반대로 너무 멀리 있으면 방관하는 것으로 느낄 수 있습니다. 상담사를 꾸준히 관찰하고 공정한 관리를 위한 근거를 만들어 가야 합니다. 상담사들은 근거나 이유가 없는 칭찬도 싫어합니다. 칭찬을 하든 불이익을 주든 명확한 근거와 이유가 필요하기 때문에 중간 관리자는 항상 더듬이를 높이 세우고 있어야 합니다. 공정한 척만 하는 리더는 상담사를 관찰하지 않았기 때문에 근거가 없습니다. 근거가 없으니 상담사가 일을 잘하든, 못하든 모든 상담사를 똑같이 대하고 스스로 본인이 공정하다고 착각합니다.

착각은 이제 그만!

누구든지 수긍할 수 있는 공정한 리더가 되길 바랍니다.

합리적인 예스

어느 날, 한 상담사가 저에게 "상담사 생각해 주는 사람은 하나도 없는 것 같아요."라고 말한 적이 있습니다. 상담 지침이 내려왔는데 어쩜 이렇게 위에서는 현장을 모르냐며 답답함에 한참을 토로하며 했던 말이었습니다. 오래전에 들었던 말이지만 지금도 업무 기준을 정해야 할 때면 그때 상담사가 했던 말을 떠올립니다. '이게 정말 상담사 입장을 생각해서 결정한 게 맞나?' 이렇게 말이죠.

회사는 상담사에게 고객 중심 상담을 해야 한다고 강조하고 있습니다. 하지만 고객 중심 상담을 하기 위해서는 상담사에게 충분한 지원이 뒷받침되어야 하는데, 과연 모든 콜센터가 제대로 된 지원을 하고 있을까요? 이 지원이라는 것이 근무 환경이나 물질적인 것도 있지만 콜센터를 운영할 때 상담사 입장에 대한 고민이 들어가 있는지를 의미하기도 합니다.

아래 내용은 KMAC 한국능률협회에서 작성한 콜센터 운영과 교육에 대해 진단한 리포트의 일부입니다.

"상담사가 지쳐 있고 제대로 인정받지 못한다고 느낍니다.
과도한 업무량과 책임감, 부적절한 교육 및 상부의 혼란스러운 지시로 인해 수많은 상담사가 압박을 느끼고 제대로 인정받지 못하고 있다고 느낍니다. 상담사 중 업무 교육의 품질에 대해 만족하는 상담사는 20%에 불과합니다. 모든 요소를 종합해 보면, 업무 수행에 필요한 지원을 받고 있다고 느끼는 상담사는 35%도 채 안 됩니다."

상담사 대부분의 최고 불만 사항

1위 업무 교육의 질 (20%)

2위 조직에서 바라보는 고객 서비스팀에 대한 인식 (17%)

3위 변화를 위해 억제할 수 있는 역량 (17%)

4위 업무 교육 빈도 (17%)

5위 전반적인 업무 량 (15%)

6위 진로 기회 (14%)

7위 성과를 측정하는 데 사용되는 지표 (14%)

*출처: Zendesk 2022 고객 경험 트렌드_3장. 성장의 걸림돌이 되는 고객 서비스 함정

업무 수행에 필요한 지원을 받고 있다고 느끼는 상담사가 35%라는 것은 많은 고민이 필요한 결과입니다.

저는 리포트 내용을 보면서 '상부의 혼란스러운 지시'라는 말에 집중하게 되었습니다.

상부의 혼란스러운 지시.

상부의 지시가 혼란스럽더라도 상담사들에게 그 혼란스러움이 직접 전달되어서는 안 됩니다. 그래서 중간 관리자가 필요한 것이고, 중간 관리자는 상부의 지시를 받아 상담 지침을 수립할 때에 반드시 상담사의 의견을 반영해야 합니다. 만약 상담사 의견을 바로 반영하는 것이 여의치 않을 경우에는 그 지침이 상담사 입장에서 어떻게 받아들여질지 꼭 고민해 봐야 합니다. 왜냐면, 고객과 유일한 인적 연결 고리인 상담사의 의견이 배제된 지침은 상담 업무 현장에 큰 혼란을 가져오기 때문입니다.

상부에서 내려오는 지시에 오로지 '예스'만 하는 관리자가 너무 많습니다. 물론 많은 콜센터가 원청과 계약 관계로 얽혀 있기 때문에 현장의 의견을 피력할 때 조심스러운 것은 사실입니다. 하지만 관리자가 상부로부터 어떠한 의견 제시나 조율도 없이 받아온 지시는 현장을 전쟁터로 만듭니다. 이 지시가 명확하고 타당한 지침으로 다듬어지지 않고 상담사에게 그대로 전달되면, 상담사들 입에서 "상담사 생각해 주는 사람은 하나도 없는 것 같아요."라는 말이 나올 수밖에 없는 것입니다.

업무의 큰 방향은 상부에서 지시하는 것이 맞습니다. 하지만 그 방향으로 나아가기 위한 세부 지침들은 현장에서 만들어져야 하고 그 과정에서 꼭 상담사의 입장과 상담사의 의견이 반영되어야 합니다. 만약 미처 상담사의 입장을 고려하지 못한 지침이 내려졌다면, 사후에 상담사가 해당 지침의 효율성에 대해 피드백할 수 있는 통로를 꼭 만들어 놔야 합니다. 상담사를 참여자로 만들어야 주체성을 가지고 상담을 할 수 있기 때문입니다.

　상부에서 콜센터 현장을 세세하게 아는 것은 불가능합니다. 관리자가 상부의 말에 꼭 반박하거나, 무조건적으로 상담사의 입장을 대변하라는 것이 아니라 현장의 상황과 분위기를 알려 줘야 한다는 뜻입니다. 콜센터 한두 달만 운영하고 말 것 아니잖아요. 다 같이, 더 멀리, 제대로 가기 위해서 관리자는 상담사의 입장을 명확히 이해하고 상부의 지시를 잘 조율해서 현장에 반영해야 합니다. 제대로 된 경영을 하는 상부라면 '무조건 예스'를 하는 관리자가 아니라 상담사의 입장을 반영한 '합리적인 예스'를 외치는 관리자를 존중하고, 일 잘하는 관리자로 인정할 것입니다.

　상담 콜을 모니터링하다 보면 "신입인 것 같은데 윗사람 바꿔 줘요!"라고 하는 고객이 종종 있습니다. 고객은 전화기 너머 상황을 모두 느낍니다. 그 상담사가 실제로 신입 상담사인지 아닌지가 중요한 게 아니라 콜센터의 혼란스러움을 그 상담사를 통해 느낀 것입니다.

관리자는 고객 중심 상담을 강조하기 이전에 이를 위한 지원이 제대로 되고 있는지 현장을 충분히 돌아보고, 상부와 현장을 유기적으로 연결해야 합니다. 고객 만족의 답은 현장에 있고, 중요한 키는 상담사가 가지고 있음을 잊지 말아야 합니다.

언제까지 돌려 말할 건데?

콜센터 상담사의 '업무 중 스마트폰 소지'는 언제나 뜨거운 주제입니다. 제 생각을 말하면 상담사의 스마트폰 소지를 제한하는 것은 문제가 됩니다. 상담사들은 각각 학부모로서, 배우자로서, 자녀로서, 보호자로서 역할을 하며 살아가는데 현대 사회에서 스마트폰 소지를 제한한다는 것은 말이 되지 않습니다. 그러나 상담사가 상담 중에 습관적으로 스마트폰을 보는 것은 위험한 일이 맞습니다. 아마 스마트폰 소지를 제한하고자 하는 쪽은 이러한 위험을 방지하려는 의도일 것입니다.

인간의 뇌는 두 가지 일을 동시에 할 수 없기 때문에 상담사가 고객과 상담을 하는 중에 스마트폰을 들여다보면 문제가 생길 수밖에 없습니다. 그러므로 스마트폰을 소지는 하되, 상담 중에는 보지 않는 문화와 습관을 만들어야 합니다. 이러한 문화가 올바르게 정착되기 위해서는 현장에 있는 중간 관리자의 역할이 중요합니다. 만약 중간 관리자가 상담 중에 스마트폰을 보는 상담사를 발견했다면, 그 즉시 당사자에게 피드백해야 합니다.

　예전에 같이 일했던 동료 관리자 중에 싫은 소리 하는 걸 극도로 회피하며 세상 제일 인자한 사람으로 포장된 관리자가 있었습니다. 관리자가 상담사에게 싫은 소리 하는 걸 회피한다? 이는 반드시 문제를 일으킬 수밖에 없습니다. 하루는 그 팀의 상담사 한 명이 불만 섞인 말을 하는 걸 들은 적이 있는데 내용을 들어 보니, 그 팀에 고객과 상담하는 중에 습관적으로 스마트폰을 보는 상담사 한 명이 있었다고 합니다. 전화벨이 울려도 동영상을 보느라 한참 후에야 전화를 받는 등 아슬아슬한 행동으로 인해 주변 상담사들이 모두 스트레스를 받는 상황이었지요. 어느 날 관리자가 그 상담사의 좌석을 지나가는데 역시나 그날도 그 상담사는 상담을 하며 스마트폰을 열심히 보고 있었다고 합니다. 그런데 관리자가 그 장면을 직접 목격했는데도 아무 액션 없이! 그냥 지나쳐서 모든 상담사들이 놀라워했고, 더 황당한 것은 한참 후에 관리자가 팀 전체에 '상담 중 스마트폰을 보지 말라'는 전체 메시지를 보냈다는 것입니다. 다들 아시죠? 이럴 경우 당사자는 전혀 깨닫는 바가 없고 애꿎은 주변 동료들만 더욱 스트레스 받는다는 것을요.

　언제까지 돌려서 말할 건가요? 회피하고, 돌려서 말하는 게 능사는 아닙니다. 잘못한 상담사에게 소리를 지르고 화를 내야 한다는 말이 아닙니다. 팀을 제대로 운영하는 관리자라면 그 장면을 목격한 즉시 상담사에게 명확하게 피드백해야 합니다. 그래야 상담사가 실수를 고칠 수 있고 더불어 주변 상담사들도 스트레스를 받지 않습니다. 리더가 룰을 어기는 상담사를 적절한 순간에 통제하지 않으면 다른 상담사가 힘들어합니다.

콜센터는 공간의 밀도가 높아서 상담사 간의 편도체를 자극할 일들이 자주 일어납니다.

상담사로 근무할 때, 제 맞은편 자리에 상담을 하다가 화가 나면 발로 바닥을 쿵쿵 치는 습관을 가진 상담사가 있었습니다. 저를 포함하여 모든 상담사들이 그 상담사가 발을 구를 때마다 깜짝깜짝 놀라고 스트레스를 받았지만, 그 상담사가 워낙 강한 성향이고 근무기간도 오래되었기에 어느 누구도 말조차 꺼내지 못하고 있었습니다. 그러던 어느 날 저희 팀 관리자가 그 상담사를 부르더니 따끔하게 혼내고 있는 걸 보았는데 그 관리자의 말이 정확하게 기억나지는 않지만 단호하면서도 부드러웠던 분위기가 신기하게 느껴졌습니다. 관리자는 상담사에게 '너의 그 행동이 너 스스로를 더 화나게 만들어 평정심을 잃을까 걱정된다.'라고 하고, '내 자리까지 바닥이 울리는 게 느껴지는데 주변 상담사들은 더욱 심할 것이다.'라며 두 가지 포인트를 확실하게 전달하였습니다. 그렇게 경고와 염려의 분위기를 절묘하게 연출한 관리자의 조치에 모든 상담사들이 편안함을 느껴던 기억이 납니다.

 상담사에게 피드백하는 것을 불편하게 느껴서 모른 척하고 넘기는 중간 관리자가 의외로 많습니다. 하지만 중간 관리자가 불편함을 핑계로 계속 그런 상황을 피하다 보면 어느 순간 조직은 흐트러져 있을 것입니다. 만약 유난히 목소리가 큰 상담사가 상담 중 감정 조절이 되지 않아 목소리가 점점 커져서 주변 상담사들에게 피해를 주고 있다면 중간 관리자가 그 상담사의 뒤로 가서 상담사를 진정시켜야 합니다. 향수를 뿌리는 것은 개인의 취향이지만 밀도가 높은 공간에서 너무 심하게 향수를 뿌리거나 음식물을 소리 내어 먹는 상담사가 있다면 중간 관리자가 나서서 주의를 주어야 합니다. 이런 일들은 동료 사이에는 말하기 껄끄러울 수 있기 때문에 꼭 중간 관리자가 해야 합니다.

 상담사에게 좋은 사람으로 보이려 애쓰지 마세요. 상담사가 실수하거나 문제를 발생시켰을 때 즉시성과 일관성을 가지고 제대로 된 피드백을 꾸준히 한다면 팀원 모두에게 인정받고 존중받는 유능한 중간 관리자가 되어 있을 것입니다.

교육, 결정적 시기

팬데믹으로 인한 마스크 착용이 가져왔던 힘듦은 여러 가지가 있었습니다. 그중 교육 강사 입장에서는 학습자의 표정을 볼 수 없다는 게 가장 큰 어려움이었지요. 특히 업무 매뉴얼이나 전산 활용 같은 교육은 학습자의 이해 여부를 꼭 체크하면서 진도를 나가야 하는데 학습자의 표정을 마스크가 가려 버리니 강사가 전달한 내용을 학습자가 숙지했는지 제대로 확인할 수가 없었습니다. 강사가 교육 시작 전에 "이해가 안 되면 꼭 말씀해 주세요.", "언제든 질문하셔도 됩니다."라고 아무리 말해도 학습자들은 질문하는 것 자체를 부담스러워합니다. 사실 이는 마스크 착용 여부와 관계없이 예전부터 그래왔던 일이기도 합니다. 그렇다고 학습자 한 명 한 명에게 이해 여부를 일일이 물어보는 것도 한계가 있고, 그냥 넘어가자니 교육의 누수가 생길 위험이 있기 때문에 교육 강사는 학습자의 이해도를 점검하는 것이 큰 숙제입니다.

발달 심리학에 '결정적 시기'라는 개념이 있듯, 교육을 할 때에도 상담사가 그 내용을 '꼭 이해하고 넘어가야 하는 결정적 시기'가 분명히 있습니다. 상담사가 그 시기에 숙지해야 할 내용을 정확하게 숙지했는지는 정말 중요합니다. 바쁘게 돌아가는 콜센터에서 어느 누구도 상담사가 놓친 업무를 다시 챙겨 주지 않기 때문입니다.

콜센터에 상담사가 입사하면 신입 상담사 기초 교육을 받습니다. 기초 교육을 마치면 업무에 안정적으로 적응하기 위해 보충 교육을 받고, 이후 입사 개월에 맞추어 단계적으로 교육을 받는데 이 모든 교육은 꼭 적절한 시기에 진행되어야 합니다. 일반적으로 콜센터에서 진행되는 교육은 아래의 흐름대로 진행됩니다.

1. 신입 상담사 교육

교육 주제	대상	시기	내용	기간
콜센터 기초 교육	신입 상담사	입사 직후	업무 매뉴얼	1주
			전산 활용	1주
			상담 품질: 상담 FLOW/스크립트/평가표 이해	1주
			마인드: CS 이해/셀프 리더십/멘토링 제도	
			테스트 및 Role-Playing	1주

※산업 군마다 교육 내용과 기간은 다를 수 있음

2. 전체 상담사 교육

교육 주제	대상	내용	세부 내용 및 기대 효과
보충 교육	~입사 후 6개월	상담 화법 /설명 능력	- 다양한 상담 사례 공유 - 효과적인 설명법 숙지

상시
교육
	전체
	상담사
		업무 공지/
		콜센터 이슈/
		민원 사례 공유
			- 업무 기준 변경 또는
			  신규 업무 숙지
			- 년/월/주 단위 콜센터
			  이슈 사항 이해
			- 대내/외 민원 발생 현황
			  공유

CS 마인드 교육		CS 환경 변화/ 고객의 이해	콜센터 트렌드를 이해하여 상담사 시야 확장
		비즈니스 매너 /커뮤니케이션 스킬	- 사내 예절 준수 - 동료 간 원활한 의사소통
		셀프 리더십/ 동기 부여	상담사의 자존감 향상으로 주체적인 상담 진행
스트레스 관리 /힐링 교육		힐링 워크숍	상담사의 정신과 신체 건강 을 위한 아로마 테라피/명 상/스트레칭 등

    상담사의 입사 개월에 맞추어 꼭 익혀야 할 내용을 적절한 시기에 교육해야 하며 전체 상담사를 대상으로 업무와 마인드 교육을 반복해야 합니다. 교육은 사내 교육 강사가 하는 것이 일반적이지만 마인드 교육을 사내 강사가 할 경우 잔소리로 느껴질 수 있어서 가끔은 회사 밖 외부 강사의 입을 통하여 교육하는 것이 효과적입니다.

또한 스트레스 관리와 힐링 교육은 전문성을 필요로 하기 때문에 자격을 가진 전문가가 해야 제대로 된 교육이 진행되고, 그 효과를 기대할 수 있습니다.

최근 들어 상담사의 마음 관리 중요성을 인식하는 기업이 늘어나면서 스트레스 관리와 힐링 교육에 대한 관심이 높아지고 있으며, 이는 상담사도 동일하게 생각하고 있습니다. 상담사 설문 결과 많은 상담사가 마음 관리의 필요성에 대해 인식하고 있고, 입사 개월이 높은 상담사일수록 스트레스 관리와 힐링 교육을 통한 마음 관리가 필요하다고 답변하였습니다.

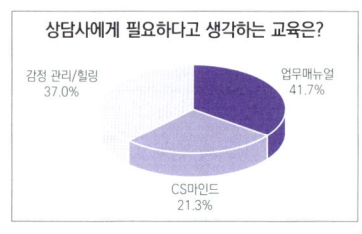
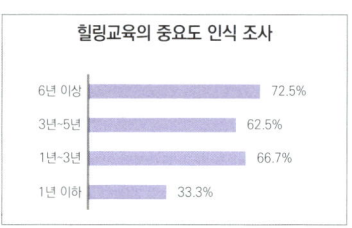

*콜센터 상담사 인식도 조사_2023

연세대학교 김주환 교수는 회복 탄력성이 가장 필요한 직업은 콜센터 상담사라며, 진정으로 마음 관리가 필요하다고 강조하였습니다. 마음 관리를 위한 훈련은 호흡 훈련과 감각 훈련 두 가지로 나뉩니다. 편도체를 안정시키고, 자기 긍정과 타인 긍정을 통해 전전두피질을 활성화시키는 것을 기본으로 하고 이는 명상을 통해 가능합니다. 뇌파 실험 결과 명상을 하면 우리의 뇌가 '거부'에서 '수용'으로 바뀌는데 고객상담을 하는 상담사에게 가장 필요한 훈련이라고 할 수 있습니다. 이미 전문가를 초빙하여 명상 훈련을 하고 있는 기업이 늘어나고 있고, 가장 도움이 되었던 프로그램으로 명상 훈련을 꼽는 상담사들이 많았습니다.

 명상 외에 마음 관리에 효과적인 프로그램을 더 소개하자면 '몸 움직이기'가 있습니다. 얼마 전 콜센터에 근무하는 지인이 직접 촬영한 동영상을 보내 준 적이 있는데, 영상 속에는 아침마다 전문가와 상담사가 함께 스트레칭을 하는 모습이 담겨 있었습니다. 상담사들이 자신의 몸을 움직이며 이를 통해 몸과 마음을 이완시킨 후 상담을 시작하는 것인데 이렇게 하루를 시작하면 집중력이 높아지고 상담 능력 향상에 도움이 된다고 합니다. 안전보건공단이나 질병청 등에서 근로자를 위해 배포하는 스트레칭 영상과 포스터를 참고해서 상담사와 공유해도 좋고, 기회가 된다면 전문가가 상담사의 자세를 교정해 주는 교육을 진행하면 더욱 높은 효과를 기대할 수 있습니다.

 상담사의 지친 뇌를 깨우는 아로마 테라피도 주목받고 있습니다. 반복되는 고객 응대로 시간이 지날수록 상담사의 뇌는 지쳐 갈 수밖에 없는데 향기로 후각 세포를 자극하여 뇌를 깨우고 뇌를 건강하게 하는 원리입니다. 상담사들끼리 시향과 조양을 하면서 긍정 정서를 일깨우고, 향수나 비누 같은 결과물로 긍정 정서를 형상화하는 것이 교육의 핵심입니다.

콜센터의 중간 관리자는 상담사에게 이러한 마음 관리가 필요하다는 것을 이해하지만, 일단 비용 문제 때문에 회사에 선뜻 건의하기가 어렵습니다. 비용은 들어가는데 그 효과가 수치로 보이지 않으니 아무리 상담사를 위한 교육이라도 적극적으로 요청하기에는 한계가 있지요. 저도 이 부분이 참 어려웠습니다. 그래서 뜻이 맞는 중간 관리자들과 함께 명상, 아로마, 원예 치료 등 관련 자격증을 취득하고 교육 프로그램을 개발하여 상담사를 대상으로 교육을 하기도 했습니다. 모든 중간 관리자들에게 꼭 자격증을 따라는 것이 아닙니다. 상담사의 마음 관리는 역량 강화로 이어지고 장기적으로 콜센터의 성과 향상으로 연결됨을 지속적으로 알려야 한다는 뜻입니다.

 '감정 쓰레기통'이라는 말을 들어 보셨을 것입니다. 상담사 중에는 슬프게도 자신을 감정 쓰레기통으로 인정하는 상담사들도 있습니다. 그러면서 "팀장님~ 쓰레기통이 다 차면 비워 줘야 하잖아요. 내 감정 쓰레기통은 언제 비워 줘요?"라고 말합니다. 이러한 상담사의 마음을 알고 위로하려면 꾸준히 움직이고 목소리를 내야 합니다. 현장에서 상담사의 입장을 대변할 사람은 중간 관리자밖에 없기 때문입니다.

3. 중간 관리자 교육

대상	교육 주제	습득해야 할 내용
현장 운영자	커뮤니케이션	- 상담사 대상 미팅, 면담을 위한 소통 능력
상담 품질 관리자	코칭	- 코칭 기획/코칭 스킬 (대면/비대면) - 코칭 보고서 작성 및 상담 품질 히스토리 관리
	모니터링 평가	- 평가표의 이해/평가 방법/통계/실적 관리
교육 강사	강의 기획/ 강의 스킬	- 교육 과정 개발 - 스피치/교수법
공통	리더십/ 온라인 연결 플랫폼 이해/ 소통의 장	- 조직을 이끌기 위한 리더십 - 하이브리드 관리를 위한 스킬 습득 - 모든 관리자의 업무 진행 현황 공유 및 소통

교육에서 '시기'만큼 중요한 것이 바로 교육 대상자를 알맞게 선정하는 것입니다. 제가 중간 관리자로 발령이 나고 얼마 지나지 않았을 때, 어느 날 저의 상사가 외부에서 하는 교육에 다녀오라고 한 적이 있습니다. 정확히 무슨 교육인지도 모르고 갔었는데 교육을 듣다 보니 점점 제가 들어야 할 교육이 아니라는 생각이 들었습니다. 콘퍼런스 형식으로 진행되었는데 콜센터 내 최종 결정권자가 교육을 듣고 뭔가를 결정해야 하는 자리였습니다. 처음으로 참석한 외부 교육이었는데 저에게는 유용하지 않은 교육이어서 아쉬웠고, 더 아쉬웠던 건 그 교육을 꼭 들어야 할 사람이 듣지 못했다는 것이었습니다. 이처럼 교육은 시기와 대상, 이 두 가지가 맞아떨어져야 좋은 효과를 기대할 수 있기 때문에 교육을 기획하는 단계에서 이 두 가

지를 꼭 고려해야 합니다.

　간혹 중간 관리자에게 체계적인 교육도 시키지 않고 간단한 인수인계만 시킨 채로 현장에 투입하는 경우가 있습니다. 물론 회사의 운영 시스템과 인력 문제 등 다양한 이유로 발생하는 현상이지만 중간 관리자의 교육은 매우 중요합니다. 왜냐면 상담사의 시각으로 조직을 보는 것과 관리자의 시각으로 조직을 보는 것은 엄청난 차이가 있기 때문입니다. 중간 관리자를 위한 체계적인 교육은 꼭 필요합니다.

　중간 관리자의 교육 중 공통 교육에 '소통의 장'을 언급한 이유는 중간 관리자들 간의 소통 여부가 센터의 안정적인 운영에 큰 영향을 미치기 때문입니다. 만약 콜센터의 교육 강사가 상담사를 대상으로 1시간 분량의 교육을 한다면 그 교육은 교육 강사 혼자서 하는 게 아닙니다. 사전에 상담사들이 필요로 하는 교육이 무엇인지 수요를 파악하는 과정에서 다른 중간 관리자들과 의견 조율이 필요합니다. 그리고 상담사들이 교육에 참석할 수 있도록 현장 운영자는 상담사들의 스케줄을 조정해 줘야 하며, 교육에 참석 중인 상담사들이 교육을 잘 받을 수 있도록 교육을 받지 않는 상담사들의 응대율 관리도 해 줘야 합니다. 그러므로 콜센터의 모든 중간 관리자는 주기적으로 만나서 각자의 업무를 공유하고, 미리 이해를 구하는 소통의 시간을 꼭 가져야 합니다.

앞서 말한 조사 결과에서 "콜센터 교육에 대해 상담사 5명 중 1명만이 업무 교육의 질에 대해 만족하고 있다"라고 하였습니다.

*출처: Zendesk 2022 고객 경험 트렌드_3장. 성장의 걸림돌이 되는 고객 서비스 함정

콜센터의 수많은 교육 담당자와 강사들이 교육을 하고 있는데 대다수의 상담사가 만족하지 않는다면 이는 분명히 문제가 있는 것입니다. 혹시 교육을 하기 전 아래와 같은 고민을 하고 있나요?

1. 교육을 기획하고 교안을 만들 때
 - 상담사에게 필요한 내용을 다루었는가?
 - 상담사가 이해하기 쉽게 만들었는가?

2. 강의를 할 때
 - 상담사가 이 교육을 왜 받아야 하는지 설명했는가?
 - 상담사의 입장에서 이해하기 쉽게 설명했는가?
 - 내용을 세부적으로 설명하느라 큰 흐름을 놓치지는 않았는가?

교육의 핵심은 상담사가 궁금해할 내용이어야지, 강사가 하고 싶은 것을 중심으로 교육하면 안 됩니다. 간혹 강사가 교육을 시작할 때 아무런 사전 설명 없이 다짜고짜 본론으로 들어가거나, 굳이 어렵게 설명하거나, 숲이 아닌 나무만 반복하여 설명하는 경우를 봅니다. 왜 그럴까요?

교육 기획 단계에서 상담사의 입장을 한 번도 생각해 보지 않았기

때문입니다.

"상담사에게 필요한 내용을 쉽게 전달하라!"

교육을 책임지고 있다면 꼭 기억해야 할 말입니다.

물고기를 잡아 주지 말고 물고기 잡는 법을 알려 주라고 합니다. 상담사에게 자판기처럼 답을 주는 것에만 집중하지 말고 물고기 잡는 법을 알려 주어서 상담사 스스로가 주체적으로 일을 할 수 있게 해야 합니다.

이처럼 콜센터에는 다양한 교육이 필요하고, 이를 위해서 많은 사람의 노력이 필요합니다. 중요한 것은 모든 교육에는 그 교육의 효과를 최대로 높일 수 있는 '결정적 시기'가 있음을 기억하길 바랍니다.

모니터링 평가의 이해

상담사 중에 상담 품질 관리자를 적대적으로 생각하는 경우가 종종 있습니다. "평가자들도 상담을 해 봐야 돼!", "팀장님은 상담해 본 적은 있으세요?"라며 상담 품질 관리자에게 날 선 말을 하기도 합니다. 평가를 받는다는 게 유쾌한 일은 아니니 그럴 수도 있다고 생각합니다. 만약 상담사가 특별한 이유 없이 "나는 그냥 평가자가 싫어."라고 하는 경우라면 지속적으로 소통하며 생각의 변화를 이끌 수 있습니다. 하지만 상담사가 평가자 또는 평가 기준을 신뢰하지 않아서 부정적이라면 이는 상당히 심각한 문제입니다. 모니터링 평가는 콜센터 상담 품질의 방향을 설정하는 기준이 되므로 서로 간의 신뢰가 중요하기 때문입니다.

상담 품질을 평가하기 전에 아래와 같은 질문을 해 보길 바랍니다.

1. 왜 평가를 하는가?

상담 품질 평가 시 평가자와 상담사가 가장 먼저 해야 할 일은 무엇일까요? 그건 바로 평가자와 상담사가 평가의 목적을 정확히 인지하는 것입니다. 콜센터의 목적은 고객 만족이고, 고객 만족을 위해서는 상담 품질 향상이라는 목표를 달성해야 합니다. 그리고 모니터링 평가는 상담 품질 향상을 달성하기 위한 도구인 것이지요. '평가를 위한 평가'라는 말이 있지요. 평가가 끝이 되어서는 안 됩니다. 평가를 왜 하는지, 평가를 통하여 이루어야 할 목표가 무엇인지 정확히 알아야 합니다.

2. 평가 기준이 명확하고 합리적인가?

평가표에 담긴 모든 평가 항목은 콜센터가 추구하는 목적과 그 방향이 일치해야 합니다. 콜센터마다 다르지만 일반적으로 모니터링 평가는 아래와 같은 흐름으로 진행됩니다.

평가 항목	평가 내용
맞이 인사	첫인사(화답 인사)를 진행하였는가?
	인사를 정확한 발음으로 활기차게 연출하였는가?
친절도 (상담 태도)	음성에 자신감이 느껴지고 적당한 속도로 진행하였는가?
	공감이 느껴지는 호응어를 맥락에 맞게 사용하였는가?
	고객의 말을 자르지 않고 공감적으로 경청하였는가?
정확도 (업무 처리)	문의 내용을 빠르고 정확하게 파악하였는가?
	정확하게 안내하였는가?
	고객이 이해하기 쉽게 설명하였는가?
종료 인사	종료 인사(화답 인사)와 상담사명을 진행하였는가?
	상담 분위기에 맞는 인사가 진행되었는가?

산업군에 따라 고객 정보 확인, 필수 안내 사항 전달, 전문적인 용어 사용이 추가될 수 있습니다. 평가를 할 때에는 친절도와 정확도를 모두 평가하기도 하고 전체 항목 중 필요한 부분만 별도로 평가할 수도 있습니다. 더 세분화하면 콜센터의 상황에 따라 정확도 항목 중에서 오안내 유무만을 평가할 수도 있고, 마찬가지로 친절도 항목에서 호응어를 사용하였는지, 경청이 제대로 되었는지와 같은 일부 항목만 별도로 평가할 수 있습니다.

평가표는 도구이므로 불변이 아닙니다. 콜센터의 상황에 따라 언제든지 유연하게 변경할 수 있습니다. 다만 콜센터의 상담 품질 방향과 평가표의 내용이 상충되는 일은 없어야 합니다.

3. 객관적으로 평가되었는가?

평가자가 여러 명일 경우 아무리 객관적으로 평가를 한다고 해도 평가자 사이에 생각의 차이가 발생할 수밖에 없습니다. 예를 들어 상담사 한 명의 상담 품질을 평가자에 따라 너무 다르게 평가할 경우 평가 전체의 객관성을 떨어트리므로 평가자들의 평가 기준을 맞추어 나가야 합니다. 이러한 작업은 반복적인 회의를 통해 이루어져야 하고 이때 회의한 결과는 꼼꼼하게 기록해야 합니다. 그래야 이 기록물을 근거로 평가의 객관성과 일관성을 유지할 수 있습니다.

4. 평가 결과가 효과적으로 전달되고 있는가?

상담사의 상담 품질 향상은 어느 한 쪽의 노력만으로 이루어지지 않습니다. 평가 결과가 나왔을 때, 평가자가 충분한 시간을 들여 상담사에게 평가자의 의도와 함께 결과를 일일이 알려 주면 좋겠지만, 보통은 평가 공지 일에 상담사 전체를 대상으로 한꺼번에 전달하는 것이 일반적입니다.

상담사에게 평가 결과지는 불편한 숫자와 불편한 내용이 담긴 종이일 뿐이기 때문에 평가 결과를 마주한 상담사는 보통 기분이 좋지 않은 상태입니다. 그 순간 상담사와 물리적으로 가까이 있는 운영 관리자의 한마디로 그 평가 결과가 긍정적으로 전달될지 부정적으로 전달될지 결정되기도 합니다.

운영 관리자가 평가 결과를 받은 상담사에게 "아~ 이 부분을 놓쳤네요. 잘 체크해서 앞으로 상담할 때 꼭 적용해 봐요~ 나도 체크할게요."라고 긍정적인 독려를 해 준다면 그 평가 하나에 들어간 시간과 노력이 꽃을 피우게 됩니다. 반대로 운영 관리자의 부정적이고 냉소적인 반응은 상담사의 하고자 하는 의지를 덮어 버리고, 이런 분위기는 쉽게 다른 상담사들에게도 전염되어 상담 품질 향상이라는 공동의 목표를 물거품으로 만들기도 합니다.

통화 품질 관리자로 근무할 때 평가 결과가 공지된 다음 날, 우연히 상담 좌석을 지나면서 운영 관리자가 하는 말을 들은 적이 있습니다. 운영 관리자는 "참내! 지들이 한번 상담해 보라고 해~!"라며 상담사들과 함께 평가 결과에 불만을 표현하고 있었습니다. 그 말을 듣고 가슴이 철렁 내려앉았어요. 단순히 평가자에 대한 비난이 속상했던 게 아니라 주변에 있는 그 많은 상담사들에게 저 부정적인 감정이 퍼졌을 거라고 생각하니 아찔하고 화가 났습니다.

상담사를 가장 가까이서 지켜보는 운영 관리자의 한마디 한마디는 너무나도 중요합니다. 부정적인 말 하나로 성실하게 자신의 업무를 수행한 평가자는 공공의 적이 되어 버리고, 평가에 들어간 시간과 노력은 한낱 기분 나쁜 종이 한 장으로 전락하게 되기 때문입니다. 운영 관리자가 평가자의 편을 들어 줄 필요까지도 없습니다. 평가 기준에 대해 정확하게 숙지하고, 만약 평가 결과가 부당하다고 생각되면 평가자에게 이의를 제기하여 정확하게 확인하는 것만으로도 충분합니다. 평가가 평가로만 끝나지 않기 위해서는 현장에 있는 운영 관리자의 역할이 무엇보다도 중요하다는 것을 기억해 주세요.

5. 사후 관리가 되고 있는가?

① 기록

상담사 개개인의 상담 품질 결과가 모여 콜센터의 역사가 됩니다. 상담 품질 평가 결과는 반드시 회사의 공식 문서 기준으로 기록되어야 합니다. 그래야 콜센터의 상담 품질 향상도를 체크할 수 있고 품질의 일관성을 유지할 수 있습니다.

② 평가표 숙지도 점검

콜센터의 모든 중간 관리자와 상담사가 상담 품질 평가 기준을 정확하게 알고 있다고 확신할 수 있나요? 상담사를 비롯하여 콜센터에 근무하는 모두가 평가 기준을 잘 알고 있는지 정기적인 점검이 필요합니다. 상담사 중에 이미 오래전에 평가 기준이 바뀌었음에도 업데이트하지 않고 계속 잘못된 상담을 하고 있는 경우도 있고, 운영 관리자가 상담사의 평가 결과를 보고 이의 신청을 했는데 알고 보니 평가 기준을 엉뚱하게 알고 있는 경우도 있습니다. 세상에 단 한 번에 끝나는 일은 없습니다. 콩나물시루에 물 주듯이 계속 알려주어야 합니다. 밑 빠진 독에 물 붓는다고 생각하지 마세요. 계속해서 물을 주면 어느새 콩나물이 자라 있는 것처럼 모두의 성장을 위해 쉬지 않고 알려 줘야 합니다.

상담 콜 하나를 평가하는 데 들어가는 시간과 노력은 결코 가볍지 않습니다. 그렇기 때문에 평가에서 끝나면 안 된다는 것을 꼭 기억해야 합니다. 평가 결과가 긍정적으로 상담사에게 전달되고, 의미 있게 활용되면서 우리 콜센터의 역사가 되는 것입니다. 당신이 몸담고 있는 콜센터의 역사는 어떻게 쌓이고 있나요? 역사를 차곡차곡 쌓아 가기 위해 합리적이고 객관적인 평가와 사후 관리가 필요하다는 것을 잊지 않길 바랍니다.

코칭의 모든 것

"많은 도움이 되었어요."
"감사합니다."
"눈물 나게 좋은 시간이었습니다. 코칭 시간을 더 늘려 주세요."
"그냥 그랬음. 명확한 설명 없이 모호한 말만 반복함."
"제가 상담할 때 그런 습관이 있는 줄 몰랐어요. 고치도록 노력해 보겠습니다."

오래전, 저는 상담사 개인 코칭 후 위와 같은 의견이 적힌 만족도 조사 결과를 받은 적이 있습니다. 사람은 부정적인 말에 더 귀 기울인다고 하잖아요. 코칭 시간이 "눈물 나게 좋았다."라는 말은 흐릿

하게 보이고, "그냥 그랬다. 모호했다."라는 말만 아주 크게 보였습니다. 그때의 상담사 의견이 자극이 되어 코칭을 잘하기 위해 교육도 받고, 자료도 수집하고, 코칭 상황을 복기하며 많은 노력을 했던 기억이 납니다.

 코칭은 상담 품질 관리자와 상담사가 가까이 대면하여 직접적으로 업무에 대한 이야기를 주고받기 때문에 조심스럽고 예민한 일입니다. 그래서 상담 품질 관리자는 세세한 부분까지 많은 준비를 해야 합니다.
 아래 그림은 코칭의 전반적인 흐름도입니다.

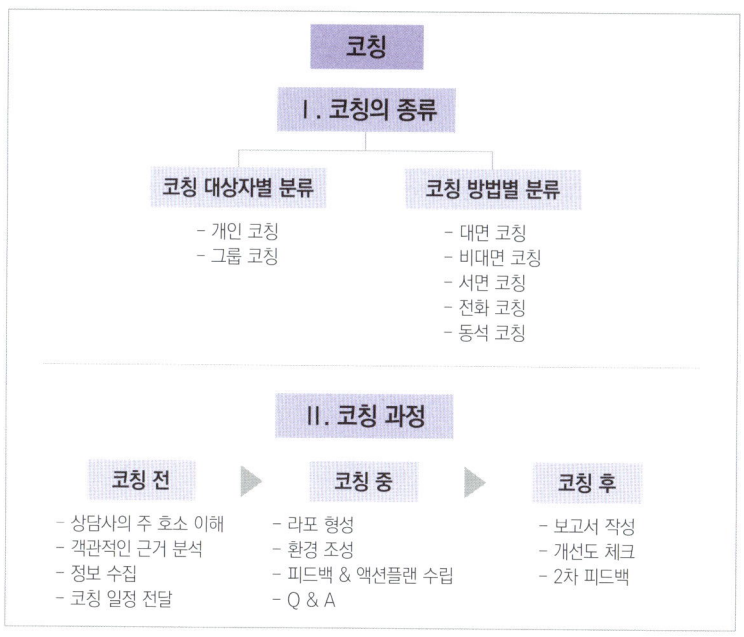

코칭은 어떻게 해야 할까요? 코칭의 종류와 그 과정에 대해 이야기해 보려고 합니다.

1. 코칭의 종류

1) 코칭 대상자에 따른 분류

① 개인 코칭

상담 품질 관리자와 상담사가 1:1로 대면하는 방식입니다. 보통은 상담사의 전월 통화 품질 결과와 실시간 모니터링 시 발견된 내용을 코칭의 주제로 정합니다. 코칭 전에 상담사가 본인의 상담 품질 평가 결과를 숙지한 후 코칭에 들어오도록 하는 것이 좋습니다. 상담사가 본인의 평가 결과도 모른 채 코칭에 들어올 경우 자칫 평가 결과 리뷰만 하다가 코칭이 끝날 수도 있기 때문입니다.

신입 상담사에게는 상담 스킬을 가르쳐 빠르게 상담 프로세스를 정립하도록 하고, 기존 상담사는 대부분 답을 알고 있기 때문에 스스로 답을 찾아가도록 가이드를 제시해 주는 것이 효과적입니다. 독립된 공간에서 1:1로 대화를 하기 때문에 상담사가 개인적인 이야기를 할 수도 있습니다. 라포 형성을 위해 적당히 사적인 대화는 필요하지만 너무 긴 시간 동안 사적인 대화가 이어져 코칭의 주객이 전도되지 않도록 해야 합니다.

② 그룹코칭

보통 3~5명 정도의 상담사로 그룹을 지어 코칭합니다. 그룹 구성은 입사 개월별로 하거나 상담 품질 결과에서 비슷한 성향을 보이는 상담사들로 구성하는 것이 일반적이지만 센터 이슈에 따라 다양하게 구성할 수 있습니다.

그룹으로 코칭을 하면 상담사들끼리 각자의 상담 경험을 공유하며 동료의 사례를 보고 스스로 개선점을 찾기도 합니다. 자기 주도 학습의 일환인 것이지요. 신입 상담사들은 동기들과 대화하며 본인의 상담 진도를 체크해 볼 수 있고, 기존 상담사들은 동료 상담사들의 이야기를 들으며 타성에 젖어 있는 본인을 돌아보는 기회가 되기도 합니다.

상담 품질 관리자는 상담사들이 편안한 분위기에서 이야기할 수 있도록 분위기를 조성해 주어야 합니다. 간혹 너무 말이 많거나 반대로 말이 없는 상담사가 같은 그룹으로 구성될 경우가 있는데 특정 상담사가 말을 너무 많이 하지 않도록 조절해 주어야 합니다. 반대로 너무 소극적이거나 코칭에 관심이 없는 상담사가 있다면 상담 품질 관리자가 그 상담사에게 계속 질문을 하여 코칭에 참여하도록 유도해야 합니다.

그룹을 구성할 때에는 상담사들 간의 관계를 꼭 고려해야 하는데 사이가 좋지 않은 상담사들을 같은 그룹으로 묶어 코칭을 할 경우, 그 시간이 모두에게 불편한 시간이 되기 때문입니다. 원활한 코칭을 위해 현장에 있는 운영 관리자에게 수시로 상담사들 간의 관계를 묻고 체크해야 합니다.

2) 접촉 방법에 따른 분류

① 대면 코칭

코칭룸 또는 회의실 등 상담 공간과 분리된 장소에서 상담사와 직접 대면하여 진행하는 코칭입니다.

② 비대면 코칭

팬데믹같이 사람 간 접촉 자체가 위험할 경우, 온라인 연결 플랫폼을 통하여 코칭해야 하는데 비대면 코칭을 하려면 상담 품질 관리자가 온라인 프로그램을 원활하게 사용할 수 있어야 합니다. 이때 주의해야 할 점은 비대면 코칭도 대면 코칭과 동일하게 상담사에게 독립된 공간과 시간을 확보해 주어야 한다는 것입니다. 상담사가 공간을 바꾸지 않고 상담 좌석에서 주변이 오픈된 채 코칭을 받는 일은 없어야 합니다. 실제로 자리 이동 없이 상담 좌석에서 온라인 코칭을 받은 상담사가 "안 하느니만 못하다"라고 평가한 사례를 보았습니다. 대면 코칭과 동일하게 시간과 공간을 꼭 분리해 주어야 합니다.

③ 서면 코칭

팬데믹이나 재택근무 또는 콜센터에 이슈가 발생하여 코칭 시간 확보가 어려울 경우 피드백 내용을 코칭지에 작성해서 전달하는 코칭입니다. 다만 코칭지를 읽는 것은 상담사의 몫이므로 작성자의 의도가 온전히 전달되기 어렵고 글로만 전달하다 보니 자칫 오해가 생길 수 있는 단점이 있습니다. 이때에 상담사와 간단하게 채팅을 병행하면 단점을 보완할 수 있습니다.

④ 전화 코칭

신속하게 개선이 필요할 경우 상담사에게 전화를 걸어 실시간으로 하는 코칭입니다. 빠르고 간단하게 코칭할 수 있는 장점이 있지만 상담사 입장에서는 상담 흐름이 깨질 수 있어 부담스러워하는 경우도 있습니다.

⑤ 동석 코칭

상담 품질 관리자가 1~2시간 정도 상담사의 좌석에 동석하여 실시간으로 코칭을 하는 것입니다. 충분한 시간이 주어지기 때문에 상담사와의 라포 형성이 용이하고 상담사의 자료 정리 상태와 상담 습관, 자세까지도 확인할 수 있는 장점이 있습니다. 하지만 시간이 많이 소요되고 코로나-19와 같이 전염병 발생 시 진행 자체가 불가능합니다.

2. 코칭의 과정

"내가 코칭하는 상담사의 모든 것을 개선시키겠어."라는 목표를 세운 철없던 적이 있었습니다. 의욕만 넘쳐서 개선 사항 10가지를 준비해 가지고 간 적도 있고, 상담사의 이야기를 듣기보다는 "내가 상담할 때는~" 이러면서 '라떼는'을 시전하기도 했었습니다.

마케팅학에서 말하길 무엇을 하든 사람의 마음을 훔친 다음에 시작해야 한다고 하는데, 저는 상담사의 마음을 훔치기는커녕 상담사를 도망가게 만드는 것들만 잔뜩 준비했던 셈이었습니다. 상담사와 신뢰를 쌓기 전까지는 아무리 옳은 말을 해도 소용이 없습니다.

'옳은 개소리'라는 말을 들어 본 적 있으세요?
"알겠는데 듣기 싫어!"
상담사는 관리자에 대한 신뢰가 없으면 아무리 옳은 말을 해도 들으려 하지 않습니다. 신뢰는 만들겠다고 해서 만들어지는 것이 아닙니다. 상담사가 관리자의 말과 행동에서 진정성을 느껴야 하고 이는 많은 시간이 소요됩니다. 이렇게 해서 상담사가 관리자에게 신뢰가 생긴다면 관리자가 무슨 말을 하더라도 "우리 팀장님이 저렇게 말하는 건 이유가 있을 거야."라고 생각하게 됩니다. 효과적인 코칭을 위해서는 먼저 이런 신뢰가 필요합니다. 그러면 신뢰를 기반으로 효과적인 코칭을 하기 위해 무엇을 준비하고 어떻게 코칭을 해야 할까요?

1) 코칭 전
① 상담사의 주 호소 이해
상담사가 원하는 것은 무엇일까요? 코칭 주제를 정할 때는 상담사의 욕구를 파악해서 정해야 합니다. 상담 품질 결과를 분석하고 모니터링하여 상담사가 약한 부분을 짚어 내고 코칭 중에 상담사에게 직접 물어 보며 다음 코칭을 준비하는 것이지요. 상담 품질 관리자의 욕구가 아닌 상담사의 욕구가 우선시되어야 합니다. 상담 품질 향상을 위한 실행 계획을 세울 때에도 상담사에게 필요한 것인지, 상담사가 달성 가능할지를 먼저 생각해야 합니다.

② 객관적인 근거 분석

칭찬을 하더라도 근거가 필요합니다. 상담사의 상담 품질 결과를 제대로 분석하지 않은 채 덮어놓고 칭찬하고 독려만 하는 오류를 범하면 안 됩니다. 상담사의 상담 품질 결과를 세밀하게 분석하여 그 결과가 콜센터의 상담 품질 방향과 일치하는지 체크하고, 코칭도 동일한 방향으로 진행해야 합니다. 근거 없는 칭찬과 질책은 상담사와의 신뢰를 깨트립니다.

③ 정보 수집

개인 정보를 침해하지 않는 범위 내에서 상담사의 성향이나 특이점을 파악해 두어야 합니다. 예를 들어 가족이 아파서 힘든 상담사에게 다짜고짜 상담 품질을 향상시키자고 미션을 들이밀어서는 안 됩니다. 이런 실수를 예방하기 위해 현장 운영 관리자와 꾸준히 소통하여 이 부분을 놓치지 말아야 합니다. 또한 상담 품질 결과 외에도 상담사의 생산성이나 기타 업무 실적을 파악해 두면 상담사의 상황에 맞추어 더욱 세심한 코칭을 할 수 있습니다.

상담 품질 관리자는 코칭 시작 전 현장에 있는 운영 관리자에게 코칭 시 참고해야 할 이슈가 있는지, 신경 써야 할 상담사가 있는지 꼭 체크를 해야 합니다.

저는 코칭 중 이런 실수를 한 적이 있는데요, 코칭에 들어온 상담사의 자녀가 다쳐 병원에 입원 중이었는데 저는 그 사실을 몰랐습니다. 다친 부위의 부기가 가라앉아야 수술을 할 수 있어서 기다리는 중이었는데 상황을 모른 채 코칭을 시작했습니다. 업무 피드백을 하면서 한참을 제 말만 하다가 어느 순간 상담사의 눈을 쳐다봤는데 눈이 빨갛게 충혈되어 있더라고요. 깜짝 놀라 상담사에게 이유를 물었더니 그제야 자녀가 다친 이야기를 하는 것이었습니다. '자녀의 수술을 앞두고 있는 엄마에게 지금 내가 무슨 짓을 하고 있나.'라고 생각하며 코칭을 중단한 적이 있습니다.

상담 품질 관리자가 아무리 많은 준비를 하고 코칭에 들어가도 상담사가 코칭받을 준비가 되어 있지 않다면 아무 소용이 없습니다. 상담 품질 관리자라고 해서 콜센터 현장의 분위기를 신경 쓰지 않아도 된다고 생각하면 안 됩니다. 현장과 상담사의 상태가 어떤지 항상 체크해야 하고, 이 부분은 운영 관리자의 협조를 받아야 합니다.

④ 코칭 일정 전달

코칭 전 상담사에게 코칭 일자/시간/장소를 전달하여 상담사가 당일에 허겁지겁 코칭에 참석하는 일이 없도록 해야 합니다. 상담사가 일정을 미리 알면 코칭 전에 상담 품질 관리자에게 질문할 내용을 생각하는 등 상담사도 미리 준비를 하고 코칭에 참석하기 때문에 더 효율적인 코칭을 할 수 있습니다.

2) 코칭 중
① 라포 형성

모든 관계의 시작은 관심입니다. 꼭 코칭룸에서만 아이스 브레이킹을 해야 한다고 생각하지 마세요. 만일 상담사와 같은 건물에 근무해서 평소에 마주칠 일이 있다면 간단한 안부를 주고받아 미리 라포 형성을 하고 있어야 합니다.

상담사와 관계를 만들어 갈 때 중요한 포인트는 기억을 잘해야 한다는 것입니다. 지난번에 상담사에게 질문했던 것을 잊고 같은 질문을 또 하면 안 됩니다. 기억할 자신이 없다면 기록해 두세요. 상담사에 대한 사소한 관심들이 모여 엄청난 결과의 차이를 만든다는 것을 기억하길 바랍니다.

② 환경 조성

탁자 위에 놓인 내 휴대폰의 존재는 앞에 있는 상대방과 관계의 질을 떨어뜨릴 수 있다는 연구 결과가 있습니다. 당신의 휴대폰을 탁자 아래로 내려놔 주세요. 반대로 상담사의 휴대폰을 어디에 둘지는 상담사가 선택하도록 하는 것이 좋습니다. 왜냐하면 상담사에게 자율성을 조금이라도 더 주기 위해서입니다. 코칭을 계획하고 진행하는 것은 상담 품질 관리자의 역할입니다. 상담사는 내용을 모른 채 따라가야 하기 때문에 불안감을 느낄 수 있습니다.

예전에 어느 여성 상담사가 코칭룸에 들어와서 저에게 "팀장님~ 저 코칭받으러 오는 게 산부인과 가는 느낌이었어요."라고 말한 적이 있습니다. 상담사들이 코칭에 대해 느끼는 부담감의 정도를 알게 된 계기였습니다.

인간은 자율성이 없는 상태를 불편해하기 때문에 가능한 범위 안에서 상담사에게 많은 선택권을 주어야 편안함을 느낄 수 있습니다. 에어컨과 난방기의 온도 조절, 상담사의 핸드폰 위치 등 상담사가 선택할 수 있는 것들은 최대한 상담사가 선택하도록 해 주세요.

한 상담사는 코칭을 시작하기 전에 저에게 "팀장님~ 저는 아이를 키우고 있는 한 부모 가정의 가장이에요. 그래서 아이의 유치원에서 전화가 오면 무조건 받아야 하는데 팀장님 말씀 도중에 전화가 울리면 받아도 괜찮을까요?"라고 양해를 구한 적이 있습니다. 이 세상에 자녀와 관련된 일보다 중요한 일이 어디 있을까요? 저는 그날 이후로 코칭 시작 전 모든 상담사에게 "코칭 중에 급한 전화는 받아도 되니까 전화기 꺼내 놓아도 돼요~"라고 말한 후 코칭을 시작합니다.

코칭은 교육과 다르게 소수의 인원으로 진행하기 때문에 전화가 울려서 흐름이 깨지더라도 금방 제자리로 돌아올 수 있습니다.

정해진 코칭 시간을 초과할 경우 콜센터 전체 일정에 차질을 줄 수 있기 때문에 코칭 중 시간 체크는 꼭 해야 합니다. 하지만 상담사와 한창 대화하는 중에 시선을 돌려 시계를 보는 게 쉽지는 않더라고요. 그래서 저는 다이소에서 3,000원짜리 탁상시계를 구입하여 코칭 전에 저의 시선에 맞추어 시계를 놓아 자연스럽게 시간을 확인

합니다.

편안한 환경을 만들기 위해 사소한 부분까지 점검하는 일은 아무리 반복해도 지나치지 않습니다.

③ 피드백 & 액션 플랜 정하기

상담사에게 부진 항목 개선을 위해 요청 피드백을 할 때에는 상당히 조심스럽습니다. 상담 품질 관리자가 상담사와의 좋은 관계를 해치고 싶지 않아 돌려서 말하는 경우가 있는데 그 마음은 이해가 됩니다. 하지만 상담사의 감정을 너무 배려하여 관계만을 중요하게 생각하면 꼭 해야 할 말을 하지 못하고 뜬구름만 잡다가 코칭을 끝낼수 있습니다. 저도 이 부분에서 많은 실수를 했는데요, 상담사를 너무 배려한다고 돌리고 돌려서 말하다 보니 코칭이 끝난 후 제가 무슨 말을 했는지 모르겠더라고요. 저도 이럴진대 상담사는 제 말을 이해했을까, 라는 생각이 들었습니다. 어렵고 불편하게 느껴지더라도 개선이 필요한 부분은 구체적이고 냉정하게 피드백을 해야 합니다. 회피하려고 하면 할수록 부작용이 생긴다는 것을 기억해 주세요.

마무리 단계에서 상담사와 액션 플랜을 정할 때 너무 쉽거나 반대로 너무 어려운 목표는 몰입이 일어나지 않으므로 난이도 조절을 잘해야 합니다. 액션 플랜은 구체적이어야 하고 상담 품질 향상과 관련이 있어야 하며, 큰 목표를 쪼개서 작은 성취를 반복할 수 있도록 해야 합니다.

④ Q & A

코칭을 종료하기 전 상담사에게 궁금한 점은 없는지 확인해 주세요. 상담사가 상담을 마치면서 고객에게 "다른 문의 사항 있습니까?"라고 확인하는데 이를 통해 상담 만족도를 높이는 것과 비슷합니다.

간혹 상담사가 바로 답변하기 어려운 질문을 할 때도 있는데 상담사의 질문에 꼭 즉답하지 않아도 됩니다. 오히려 코칭이 끝나고 나서 답변을 줄 때 상담사와 한 번 더 접촉하게 되므로 관계를 두텁게 할 기회로 삼으면 됩니다. 상담사가 궁금증을 가진 채 코칭룸을 나가지 않게 해 주세요. 상담 품질 관리자의 세심한 질문 하나로 상담사가 코칭 시간을 한 번 더 되돌아볼 수 있게 됩니다.

3) 코칭 후

① 보고서 작성

코칭을 한 후에는 코칭 일자/시간/장소/코칭 항목/코칭 내용/특이 사항 등을 기록해 놔야 합니다. 코칭 중에 있었던 일을 모두 기록하는 것을 원칙으로 하되 상담사가 사적인 이야기를 했을 경우, 사적인 내용은 공적인 보고서에 기록하지 않는 것이 좋습니다. 사안에 따라 담당 운영 관리자에게 귀띔이 필요하다고 판단되는 내용이라면 상황을 간단하게 구두로 전달해 줍니다.

② 개선도 체크 및 2차 피드백

진단을 내리는 것은 누구나 할 수 있습니다. 하지만 개선 과정을 체크하여 2차 피드백까지 하는 일은 쉬운 일이 아닙니다. 사람의 마음을 바꾸는 것은 어려운 일이고 이는 한 번에 할 수도 없는 일이지요. 코칭 후에 상담사의 콜을 모니터링해서 액션 플랜을 제대로 지키고 있는지 체크하고, 그 결과까지 상담사에게 피드백을 해야 비로소 코칭이 마무리되는 것입니다.

'우리'라는, 단어

말하는 사람이 듣는 사람과 자신을 가리키기 위해 '우리'라는 단어를 사용하는 것은 심리학적으로뿐만 아니라 사회적으로도 의미가 있다.

'우리'라는 단어의 사용은 집단의 일원으로 여긴다는 신호일 때가 많다. 중요한 정서적 유대가 형성되는 것이다.

*출처: 《단어의 사생활》, 제임스 W. 페니 베이커, 김아영 역, 사이, 2016.

저는 코칭을 하거나 교육을 할 때 '우리'라는 말을 자주 사용합니다. 그런데 관계 형성이 제대로 되지 않은 상태에서 '우리'라고 표현하면 오히려 서로 어색하게 느껴지더라고요. 그래서 '우리'라는 말이 자연스럽게 느껴지도록 모든 일을 할 때 관계 형성을 먼저 합니다. 화장실을 가다가 상담사들과 마주치면 표정이 어떤지, 무슨 옷을 입었는지, 머리 스타일이 바뀌지는 않았는지 등 사소한 표정과 변화를 알아채기 위해 노력합니다. 그리고 다음에 마주치면 꼭 아는

척을 합니다.

시간을 들여 꾸준히 나아가세요. 그래서 진정한 '우리'가 되어 '우리'의 미션을 공유하고 달성해 가는 그 시간을 소중히 만들어 가길 바랍니다.

하이브리드 리더십

코로나-19 전염병 확산을 방지하고자 상담 인력을 분산하기 위해 진행했던 재택근무가 이제는 하나의 근무 형태로 자리 잡아 가고 있습니다. 아마도 전염병이 다 사라진다고 해도 재택근무는 그 효율성 때문에 콜센터 운영 방식에서 지속적으로 적용될 가능성이 높아 보입니다. 실제 재택근무를 경험해 본 상담사들의 만족도가 높아 이제는 기업에서도 재택근무를 병행하고 있는 추세입니다.

그러면 재택근무를 바라보는 중간 관리자의 입장은 어떨까요? 상담사는 재택근무가 편리하고 기업은 인력난 해결책으로 재택근무를 선택했지만 중간에 있는 관리자는 현장에 있는 상담사와 자택에 있는 상담사를 동시에 케어해야 하기 때문에 신경 써야 할 일이 추가된 상황입니다. 그야말로 하이브리드 근무에 따른 하이브리드 리더십이 요구되는 것이지요. 상담사의 근무 형태가 다양해지면서 다면적인 관리는 필수 역량이 되었습니다. 그러면 비대면으로 상담사를 관리할 때에는 어떤 부분을 신경 써야 할까요?

첫째, 온라인 연결 플랫폼 사용에 익숙해져야 합니다.

저는 처음에 온라인으로 무언가를 한다는 것이 너무 불편하고 어렵게 느껴졌습니다. 이런 심리적 불편함과 더불어 실제 사용 방법을 익히는 것은 더욱 어려웠습니다. ZOOM(줌) 프로그램으로 상담사와 대화하는 방법, 화상으로 문서를 공유하는 방법, Slido(슬라이도)로 상담사의 참여를 이끄는 방법, 구글이나 네이버 문서로 상담사 의견을 취합하는 방법들을 익히는 게 쉽지 않았습니다.

실제 ZOOM(줌)으로 코칭을 하다가 화면 공유를 잘못하는 바람에 제 노트북 바탕화면에 있는 카톡 내용이 그대로 노출되기도 했고, 동영상을 틀었는데 소리 공유를 체크하지 않아 몇 초간 화면만 나가는 등 크고 작은 실수를 했습니다. 상담사는 중간 관리자를 통하여 회사를 평가한다고 했지요? 중간 관리자의 이런 사소한 실수는 회사의 신뢰와도 연결되므로 항상 주의해야 합니다. 계속 연습하고 익숙해져야 합니다.

둘째, 소통 방식에 더욱 신경 써야 합니다.

말로 대화하는 것은 기록이 남지 않지만 글은 고스란히 기록을 남깁니다. 글은 뉘앙스를 담을 수 없기 때문에 전달자의 의도가 왜곡될 수 있어 글로 소통할 때엔 더욱 주의해야 합니다.

① LMS나 이메일 발송 시 오타/맥락/줄 바꿈 확인하기

　LMS나 이메일로 공지사항을 발송하기 전 오타 체크는 기본이고 전체 내용을 읽어 보고 오류가 없는지 확인해야 합니다. 특히 줄 바꿈 없이 내용을 쭉 기재할 경우 가독성이 떨어지고, 업무 공지라고 느껴지지 않으므로 주의해야 합니다. 희한하게 이런 오류는 나의 눈엔 잘 보이지 않는 법입니다. 동료에게 먼저 발송해서 점검하는 것도 좋은 방법입니다.

② 제목 기재하기

　메일이나 사내 메신저로 보내는 쪽지에 제목이 없는 경우 상담사가 내용을 빠르게 파악하기 어렵습니다. 메일이나 쪽지를 보낼 때 [○○업무 변경 공지]라고 보내면 상담사가 읽을 때 머릿속에 '○○가 변경됐구나'를 인지하고 내용을 읽을 수 있어 숙지가 빠르고, 차후에 상담사가 업무 확인차 메일함이나 쪽지함을 확인할 때에 손쉽게 찾을 수 있습니다.

③ 첨부 파일은 미리 보기 해 본 후에 발송하기

　혹시 메일로 받은 엑셀 파일을 인쇄하려고 하는데 페이지 나누기가 제대로 되어 있지 않아 일일이 조정해 본 적이 있으세요? 저는 수신한 메일의 첨부 파일을 인쇄하려고 버튼을 눌렀다가 깜짝 놀라는 적이 종종 있습니다. 분명히 한 장의 공문을 인쇄하려고 버튼을 눌렀는데 무슨 일인지 169장이 인쇄된다고 팝업이 떠서 인쇄 취소

버튼을 급하게 누른 적도 있습니다. 발송 버튼을 누르기 전에 꼭 인쇄 미리 보기를 하여 확인해 주세요. 이 모든 오류를 예방하기 위해서는 메일을 발송하기 전 '나에게 보내기'를 꼭 한번 해 보길 권합니다.

셋째, 상담사의 시간을 존중해 주세요.

불쑥불쑥 걸려 오는 전화가 부담스러운 시대입니다. 자택에 있는 상담사에게 전화를 걸어야 한다면 혹시 업무 시간이 지나지는 않았는지 체크해 주세요. 또한 아무리 상담사의 상태가 '대기 중', '후처리 중'이라고 확인되어도 상담사에게 전화를 걸기 전에 통화 가능 여부를 확인하고 전화하여 상담사를 배려해 주어야 합니다.

위에 나열한 일들은 특별한 일도 아니고 어려운 일은 더욱 아닙니다. 중간 관리자의 사소한 행동 하나가 상담사와의 관계를 더욱 풍성하게 만든다는 것을 기억해 주세요.

팬데믹 이후에도 이제 비대면으로 소통하는 것을 피할 수는 없을 것입니다. 상담사와 떨어져 있는 거리만큼 그 공간을 세심함으로 채워 나가길 바랍니다.

III.
고객에게

일부 고객으로 인해 마음에 상처를 입기도 하지만
그럼에도 불구하고 많은 고객들의 감사하다는 말 한마디에
봄눈 녹 듯 마음이 풀어지고 다시 힘을 내는 것이
우리 상담사들의 일상입니다.

사랑의 콜센터

많은 인기를 누린 예능 프로그램 〈신청곡을 불러드립니다-사랑의 콜센터〉를 본 적 있으세요? '전화'라는 매개체를 통하여 가수와 팬이 이야기를 나누고 노래도 불러 주는 프로그램이었습니다. 전화기 너머에 있는 팬의 얼굴이 보이지는 않지만, 통화를 하고 있는 팬이 지금 얼마나 행복해하고 있을지… 목소리만 들어도 알 수 있었습니다. 프로그램 제목처럼 정말 사랑이 넘치는 콜센터였습니다.

그런데 그거 아세요?

'콜센터'와 '사랑'은 아주 밀접한 관계가 있다는 것을요.

"사랑합니다, 고객님~"

혹시 이 인사말을 기억하시나요?

2006년 7월부터 2008년 12월까지 사용된 114의 첫인사입니다. 고객들의 반응은 정말 뜨거웠는데 "사랑합니다."를 들은 고객들의 다양한 답변 중 1위는 "저도요~"였을 만큼 유쾌한 반응들이 많았습니다. 일부 고객들의 부정적인 반응과 상담사들의 감정 노동을 심화시킨다는 의견이 있어서 2년 반 만에 교체되었지만 콜센터 인사말에 한 획을 그은 인사말이었습니다.

*출처: 114 홈페이지

"마음 이음 연결음, 따뜻한 말 한마디에 담긴 에너지"

2017년, GS칼텍스에서 전화 상담이라는 익명성에 기댄 언어폭력을 상쇄시키기 위해서 상담사와 통화가 연결되기 전 고객에게 '상담사 또한 누군가의 소중한 가족'임을 인식시키고, 상담사를 대하는 고객들의 자세를 돌이켜 보자는 취지로 캠페인을 진행하였습니다. 문구를 선정하고 상담사의 부모님, 배우자, 자녀의 목소리를 녹음하여 마음 이음 연결음을 만들었는데 이 역시 고객들의 반응은 대단했고, 관련 종사자는 물론 많은 사람들의 지지를 받았습니다.

*출처: GS칼텍스 미디어 허브 홈페이지

이렇게 상담사가 직접 고객에게 '사랑'을 언급하기도 하고, 소중한 가족을 통하여 고객에게 '사랑'을 전달하기도 하면서 콜센터는 언제나 '사랑'이라는 단어와 함께했습니다. 고객 중에는 상담사에게 '사랑'을 되돌려 주는 고객도 있지만, 아직도 이유 없는 언어폭력을 휘두르는 고객도 있습니다. 고객의 부당한 폭언으로 인해 상처받는 일들이 많아지고 이는 결국 상담사가 자신의 일을 포기하게 만들기도 합니다. 물론 기업에서도 상담사를 보호하기 위한 프로그램을 가동하고 있고, 안전보건공단에서도 감정 노동 매뉴얼을 통하여 콜센터 근로자 직무 스트레스 관리 방안을 제시하고 있습니다. 하지만 이러한 방안을 실제 현장에서 효율적으로 적용하기에는 어려움이 많습니다. 저도 상담을 하면서 고객들의 폭언으로 인해 울기도 많이 울었고, 온몸이 벌벌 떨릴 정도로 분하고 억울함을 느꼈지만 아무런 조치도 할 수 없는 경우가 많았습니다.

- 고객이 ○회 폭언 시 상담사가 상담 강제 종료
- 민원 고객 응대 후 ○분 동안 휴식

위와 같은 기본적 기준들 외에도 회사마다 상담사 보호를 위한 세부적인 지침들을 보유하고 있습니다. 하지만 응대율을 비롯하여 콜센터 현장의 다양한 사정으로 인해 민원 고객에게 위의 지침들을 강력하게 내밀기는 어렵고, 이로 인해 상담사 보호는 2순위로 밀려나는 경우를 보면 너무 안타깝습니다.

고객과 상담사는 상하 관계가 아닙니다. 도움이 필요해서 콜센터로 전화한 것이 아닌가요? 상담사는 정확하고 신속하게 업무 처리를 해 주며 보람을 느끼고, 고객은 도움을 받아 문제를 해결하면서 서로 파트너로 인식해야 건강한 상담 문화가 자리 잡을 수 있습니다.

유튜브를 보다 보면 연예인들의 콜센터 체험 영상을 종종 볼 수 있습니다. 이런 영상들에서 보는 섬네일의 공통점은 하나같이 주인공들이 넋이 빠진 표정을 하고 있다는 것입니다. 그러면서 "저는 오늘 하루 체험을 하는 것이지만 상담사님들은 이게 일상인 거잖아요."라며 걱정 가득한 소감을 말합니다. 콜센터 상담사들이 겪는 감정 노동의 강도를 짐작할 수 있을 것입니다.

> "폭언은 마음의 흉기! 따뜻한 말 한마디는 마음의 온기!"
> "당신의 말과 행동, 누군가의 눈물을 흘리게 할 수 있습니다!"

위 문구는 고객 응대 근로자를 보호하기 위해 안전보건관리공단에서 배포한 포스터에 적혀 있는 문구입니다. 고객의 말로 인해 상담사는 상처받고 눈물을 흘릴 수도 있습니다. 아니 지금도 많은 상담사들이 눈물을 흘리고 있고, 저도 많이 흘렸습니다.

상담사의 지친 마음을 알아주세요~ 상담사에게 조금만 여유를 준다면 보다 전문적이고 자신감 있는 응대로 진정한 '고객사랑'을 느낄 수 있을 것입니다. '사랑의 콜센터'는 그냥 만들어지지 않습니다. 고객과 상담사 모두의 노력으로 세상의 모든 콜센터가 '사랑의 콜센터'가 되길 진심으로 바랍니다.

버티게 하는 힘

예능 프로그램 〈유 퀴즈 온 더 블럭〉에 114에서 20년간 근무한 상담사분이 출연한 적이 있습니다. 현재 콜센터가 마주한 변화와 상담사의 고충, 보람 등 상담사분이 20년 동안 겪은 일들을 이야기해주었는데 많은 공감이 되었습니다.

고객의 자격

사람은 살면서 많은 일을 겪고, 그로 인해 점점 더 단단해진다고 하지만 한 번 상처받은 마음은 그 기억을 고스란히 간직하는 듯합니다. 저는 14년 전 고객에게 들었던 폭언과 조롱을 생각하면 아직도 심장이 뜁니다. 14년 전 일이면 잊힐 만도 한데 아직도 선명하게 기억이 납니다. 출연한 상담사분도 20년 전 고객에게 "아, 역겨워~"라는 말을 들은 적이 있다고 하는데, 20년 전 이야기를 하는데도 목소리가 떨리는 것을 보았습니다. 20년이라는 시간이 지나도 절대 아물지 않는 상처인 것이지요.

상담사의 노고를 무시하는 말을 너무 쉽게 내뱉는 고객을 보면 인류애를 상실하게 되고 깊은 좌절감에 빠지게 됩니다. 차라리 상담사가 실수라도 했다면 억울하지 않겠죠. 문의 내용을 확인하려고 재질문했을 뿐인데 왜 자꾸 말을 따라 하냐고 따지는 고객, 하이 톤의 음성이 역겹다고 하는 고객들은 상담사를 좌절하게 만듭니다.

드라마 〈더 글로리〉를 보면 학교 폭력 피해자는 상처를 평생 안고 살아가지만 가해자는 피해자의 이름조차 헷갈려 하고, 본인이 피해자에게 무슨 짓을 했는지 제대로 기억하지도 못하는 장면이 나옵니다. 그 옛날, 저에게 폭언을 하며 "지금 바쁘니까 5분 후에 다시 전화하라."라고 10번을 반복하며 끝내 저를 울게 만들었던 그 고객은 그날을 기억할까요? 출연한 상담사분에게 "역겨워"라고 말했던 고객은 아마도 본인이 그런 말을 했는지조차 기억하지 못할 것입니다.

하지만 상담사를 아프게 했던 말은 수많은 시간이 흘러도 기억에 생생하게 남습니다.

고객도 자격이 필요하다고 생각합니다.
분명히 도움이 필요해서 콜센터로 전화를 한 것일 텐데 본인의 개인적인 기분에 따라 상담사를 함부로 대한다면 스스로 부끄럽게 생각해야 하지 않을까요? 폭언을 일삼는 고객에게 상담사가 죄송하다고 말하는 것은 진짜 죄송한 일을 했기 때문이 아닙니다. 상담사가 감정적으로 대응하게 되면, 결국 상담사가 더욱 힘들어지는 결과를 낳기 때문에 스스로 감정을 억누르기 위해 죄송하다고 말하는 것입니다.

상담사가 고객의 말을 반복하는 것이 그렇게 잘못된 일인가요? 지나치게 상냥한 상담사의 목소리가 거북하게 느껴져서 고객의 신변에 무슨 일이 발생했나요? 왜 콜센터로 전화할 때에만 초민감한 사람으로 돌변하는 것일까요? 만약 서로 얼굴을 보고 대화를 해도 상담사에게 막말과 조롱을 할 수 있을까요?

상담사에게 무조건 친절하게 대해 달라는 뜻이 아닙니다. 불필요한 감정 소비를 만드는 잘못된 갑질을 하지 말아 달라는 것입니다. 공공 기관 콜센터를 비롯하여 많은 콜센터에서 고객에게 폭언과 성희롱을 들으면 경고 후 전화를 끊는 등 표준안을 마련하고 있습니다. 하지만 그러다 보니 이제는 단지 욕만 하지 않을 뿐, 교묘하게 진화한 고객들로 인해 겪는 감정 노동은 여전합니다. 또한 매뉴얼에 따라 전화를 끊더라도 그런 불만 고객은 다시 콜센터로 전화를 걸어 다른 상담사가 그 콜을 받아 또 다른 전쟁이 시작되기 때문에 쉽게 전화를 끊기도 어렵습니다. 폭언과 성희롱 등 잘못된 갑질을 하는 사람도 결코 마음이 좋지는 않을 것입니다. 상담사를 파트너로 생각하고 정확하게 요구 사항을 말하는 건강한 대화를 해 주세요.

그럼에도 그 말 한마디

출연한 상담사분이 어느 날 상담을 하는데 고객이 말을 너무 심하게 더듬어서 무슨 말인지 도저히 알아들을 수가 없었다고 합니다.

- 상담사: "고객님~ 천~~천~~히 말씀해 주세요~ 한 글자 한 글자 말씀해 주시면 제가 안내해 드릴 수 있으니까 편하게 천~천히 말씀해 주세요."
- 고객: "마아… 스… 크………"

그 고객은 마스크를 살 수 있는 곳을 알려 달라고 전화한 것이었습니다. 2020년 코로나-19 발생 초기에 일어난 마스크 대란을 기억하시나요? 갑작스러운 마스크 대란 속에서 방법도 모른 채 당황스러웠을 고객에게 상담사분은 천천히 안내를 해 드렸고, 고객은 끝내 꺼이꺼이 울면서 재차 감사하다는 말을 반복했다고 합니다.

일부 고객으로 인해 마음에 상처를 입기도 하지만 그럼에도 많은 고객들의 감사하다는 말 한마디에 봄눈 녹듯 마음이 풀어지고 다시 힘을 내는 것이 우리 상담사들의 일상입니다.

저는 비염이 있는데 모든 비염 환자들이 그렇듯 환절기가 되면 더욱 심해집니다. 말을 하면 그 증상이 더욱 심해져서 상담을 할 때도 이 부분이 정말 힘들었습니다. 콧물을 흘려 가며 상담을 하던 어느 날, 겨우겨우 상담을 마쳤는데 상담 끝에 고객이 저에게 "비염이 심한 것 같은데 의정부에 있는 ○○ 한의원을 가 보라."라면서 연락처까지 알려 준 적이 있었습니다. 지금도 환절기가 되면 "힘든데 고생했다."라고 말해 준 그 고객이 생각납니다.

코로나-19의 영향일까요? 상담사가 상담 중에 기침을 하면 "기다릴 테니 물 마시고 천천히 얘기해 달라."라고 말하는 고객들을 종종 만나게 됩니다. 이런 말 한마디에 상담사의 마음이 따듯해지고 누군가에게는 이런 말 한마디가 20년을 버티게 한 원동력이 되기도 합니다.

고객의 따뜻한 말 한마디가 얼마나 큰 기적을 만들어 내는지 꼭 기억해 주길 바랍니다.

내 귀에 캔디

혹시 〈대한민국 아이디어리그〉라는 예능 프로그램을 아시나요? 세상을 바꿀 다양한 아이디어를 함께 듣고 이야기하며 최고의 아이디어를 뽑는 4부작 국가 발전 프로젝트입니다. 방송에 나온 많은 아이디어 중 제가 소개하려는 프로젝트는 '폭언과 욕설로부터 근로자의 마음을 지키는 AI 제안, 내 귀에 캔디'입니다.

출연자분이 이 아이디어를 생각하고 제안하게 된 계기는 본인이 직접 느끼기도 했고, 동료들이 실제로 민원인들에게 엄청난 폭언을 겪고 있기 때문이라고 합니다. 우리나라에는 많은 감정 노동 근로자들이 있는데 이들의 근무 환경 개선을 위한 본질적인 해결책이 필요하다고 생각했던 것이지요.

콜센터 근로자들이 겪고 있는 고통에 대해서는 '산업안전보건법'이 제정될 만큼 이미 사회 전반적으로 대부분의 사람들이 인식하고 있습니다. 출연자분은 욕을 차단해 주는 것이야말로 감정 노동 근로자들을 위한 진정한 해결책이라고 생각하여 해당 프로젝트를 진행하였고, 이는 통화 중 업무와 관련 없는 부정적인 표현들을 실시간으로 분류하여 근로자의 마음을 보호하는 것이었습니다.

- 1단계: 폭언 송출 시 즉시 묵음이나 경고음 처리
- 2단계: 부정적인 표현이나 욕설을 즉시 차단

위 프로세스를 통하여 폭언에 무차별적으로 노출된 감정 노동 근로자들을 보호하고 더 나아가 상대를 배려하는 건강한 대화 문화를 조성하자는 취지였고, 이 아이디어는 심사위원들의 선택을 받아 다음 라운드에 진출하게 됩니다.

최종 라운드 발표 시작과 함께 출연자분이 상담 콜을 하나 들려주었는데 악성 고객의 폭언이 적나라하게 담긴 콜이었습니다. 방송을 위해 욕설은 "삐~" 처리되었고 통화 내용은 일부 각색되었지만 상담 콜을 들은 심사위원들은 경악을 했습니다. 저도 많이 놀랐는데요, 저는 고객에게 직접 폭언을 듣기도 하고, 폭언이 녹음된 콜을 모니터링하는 게 제 업무임에도 불구하고 여전히 이 같은 상황은 쉽게 적응되지 않습니다. 아마 욕설과 폭언에 적응되는 상담사는 세상에 없을 것입니다. 참을 뿐이죠. 출연자분도 '손이 부들부들 떨린다.'라고 표현하였습니다.

'상담사는 열심히 일할 뿐인데 이게 왜 욕먹을 일인지.', '무차별적인 폭언을 없앨 수는 없는지'라는 고민에서 출발한 아이디어는 직접 만든 솔루션 데모를 적용하여 구현되었고, 폭언이 상담사의 귀에 들리지 않도록 하는 것이 핵심이었습니다. 몇 가지 조건만 해결되면 기술적 구현은 충분히 가능하다는 것을 멘토를 통하여 확인하였습니다.
이와 같은 필터링 기술로 상담사의 마음이 다치는 것을 방지하여 근무 만족도가 상승하면 고객 만족도 상승으로 연결되는 것은 당연한 일입니다.

현재 산업 전반적으로 상담사 보호를 위한 다양한 힐링 프로그램들을 진행하고 있지만 대부분은 이미 마음을 다친 상담사를 치유하는 방식입니다. 그야말로 소 잃고 외양간 고치는 격이지요. 하지만 '내 귀에 캔디'는 상담사가 마음을 다치기 전에 예방하는 차원의 아이디어라고 볼 수 있습니다.

　콜센터의 가장 핵심 자산은 상담사 아닐까요?
　이 아이디어가 최종 우승을 하지는 못했지만 이러한 고민과 시도가 있었다는 것 자체가 저는 유의미하게 느껴졌습니다.

결과 발표 후 사회자가 심사위원들 중 해당 아이디어를 채택하지 않은 심사위원에게 그 이유를 물었더니, 비속어를 걸러 내는 기술이 정교하지 못하면 민원인의 요구 사항이 제대로 전달되지 않아 오히려 불만이 더 커질 수 있기 때문이라고 답변하였습니다. 기술적인 부분이 받쳐 주지 못하여 2차, 3차 불만이 야기될 수 있음을 우려하는 것이지요.

　저는 사회 전반에 퍼진 인식 자체가 잘못되었다고 생각합니다. 민원인이 요구 사항을 말할 때 상담사에게 욕을 해도 되는 건가요? 요구 사항을 꼭 폭언으로 해야 하나요? '큰소리를 내야 들어 준다.'라고 말하는 고객도 있습니다. 하지만 폭언으로 해결한 민원은 누군가의 희생으로 해결된 것이거나 회사의 규칙을 깨뜨린 결과입니다. 길게 봤을 땐 소비자 전체에게 손해를 입히는 악순환의 시작인 것이지요. 민원을 제기할 때에는 정확히 요구 사항을 말해야지 감정을 과도하게 표현하는 게 아니잖아요.

산업안전보건법 제41조 제2항
사업주는 업무와 관련하여 고객 등 제3자의 폭언 등으로 근로자에게 건강장해가 발생하거나 발생할 현저한 우려가 있는 경우에는 업무의 일시적인 중단 또는 전환 등 대통령령으로 정하는 필요한 조치를 하여야 한다.

업무의 일시적인 중단이나 전환에서 그치는 것이 아니라 폭언을 한 가해자에게 적합한 처벌을 해야 합니다. 그래서 잘못된 인식의 변화와 함께 감정 노동이라는 용어가 점차 사라지고, 건강한 대화 문화가 조성되기를 간절하게 바라고 외칩니다.

그 누구에게도 감정 노동 근로자의 몸과 마음을 힘들게 할 권리는 없습니다. 이러한 외침과 움직임이 계속된다면 언젠가는 고객의 말이 상담사의 귀에 캔디처럼 느껴질 날이 오겠지요? 건강한 대화 문화를 위한 대국민 프로젝트, '내 귀에 캔디'가 사회 전반에 인식 변화로 인해 자연스럽게 실현되기를 바랍니다.

IV.
경영자에게

상담사는 사람입니다.
버튼을 누르면 스크립트를 읽어 주는 기계가 아니라
업무를 숙지하고 감정을 담아 회사를 대표해서
고객의 문제를 상담해 주는 전문가임을 잊지 말아야 합니다.

상담사의 마음 관리

 어느 날, 코칭 중 상담사에게 "공감이 뭐라고 생각해요?"라고 질문했더니 "'아~ 그러세요.' 아니에요?"라는 답변을 듣고 콜센터 공감 교육의 문제점과 정면으로 마주한 적이 있습니다. 상담사에게 '공감은 무엇인지', '고객과의 대화에서 왜 공감이 필요한지'를 제대로 설명하지 않고 호응어만 제시하는 수준의 단편적인 공감 교육은 이제 한계가 있습니다. 회사는 '어떻게 하면 상담사의 공감 능력을 높여서 고객과 제대로 된 소통을 하게 할 수 있을까?'라는 근본적인 고민을 해야 합니다.

 '감정적 문맹'이라는 말을 들어 보셨나요? 상담사가 고객의 감정을 읽어 내지 못하는데 "아. 그. 러. 세. 요."라는 호응어를 아무리 사용해 봐야 무슨 소용이 있을까요? 눈앞에 보이지 않는 고객의 감정을 읽어야 하는 상담사에게 가장 먼저 필요한 것은 공감에 대한 이해입니다. 상담사가 공감의 원리를 이해하고 고객의 상황에 공감하며 대화를 하기 위해서는 상담사의 마음이 건강해야 합니다.

 장시간 스트레스에 노출되어 상담사의 마음이 불안정하고 예민해지면 고객의 상황에 공감하기는커녕 상담사의 힘든 마음을 고객에게 노출해 버리게 됩니다. 그러므로 회사는 상담사의 마음 관리에 신경 써야 하고 이를 지속적으로 관리해야 합니다.

이러한 관리 없이 그저 계산기로 당일 예측 콜 수를 상담 인원수로 나누어 목표 응대율을 측정하는 운영은 지금의 시대와 맞지 않습니다. 하지만 많은 콜센터가 아직도 응대율 위주의 단편적인 운영을 하느라 상담사로 하여금 '상담사를 짜낸다.'라는 느낌을 받게 합니다.

정신과 의사이자 작가 가바사와 시온은 저서 《당신의 뇌는 최적화를 원한다》에서 노르아드레날린 업무 방식을 소개하였습니다. 이는 공포나 스트레스를 이용하여 집중력을 높이는 방법인데, 이 방법은 장시간 지속적으로 쓸 수는 없고 중요한 일이나 순간에 간헐적으로 사용해야 합니다.

스포츠에서 투장이라고 불리는 유형의 감독이 약체팀을 맡으면 처음에는 눈부신 성과를 보이는 경우를 본 적이 있을 것입니다. 팀에 긴장감이 고조되고 선수들도 연습에 더 집중하게 되기 때문인데 이게 바로 노르아드레날린형 동기 부여입니다. 하지만 말했듯이 노르아드레날린형 동기 부여는 단기간 동안 사용해야 효과가 있습니다. 그 기간은 길어야 한 달이고, 그 이상 지속되면 오히려 업무 효율은 낮아지며 6개월 이상 지속되면 반드시 소멸합니다.

콜센터의 일 년, 한 분기, 한 달의 데이터를 분석하면 콜 인입량이 증가하는 날을 예측할 수 있습니다. 콜 인입량이 높을 것이라 예측되는 날에는 교육, 코칭, 면담 등을 일시 중단하고 상담사들에게 집중적으로 상담을 하게 하여 응대율을 높이는 긴급 운영을 합니다. 상담사도 이런 상황을 잘 알고 있기 때문에 대부분의 상담사가 협조하며 좋은 결과를 만들어 냅니다. 하지만 응대율을 높이기 위해 이런 운영을 매일 반복하면 어떻게 될까요? 노르아드레날린형 운영을 수시로 반복해서 상담사들을 다그치면 상담사는 결국 지쳐서 포기하게 됩니다.

위와 같은 맥락으로 상담사의 점심시간을 단축하여 운영하는 경우가 있습니다. 대부분의 콜센터가 점심시간에 이용 고객이 증가하기 때문에 콜이 폭주할 경우 상담사의 점심시간을 단축하여 일단 밀려 있는 고객을 응대한 뒤에 단축한 점심시간을 다른 시간에 보상하는 운영을 하기도 합니다. 이는 공동의 목표를 가진 조직의 구성원으로서 당연히 해야 할 일이고 상담사들도 이를 잘 알고 있습니다.

하지만 이런 운영을 단기간에만 하는 게 아니라 몇 달 또는 일년 내내 지속해서는 안 됩니다. 점심 식사를 매일매일 20분 안에 한다고 생각해 보세요. 급하게 먹은 점심은 소화 불량을 일으키지요. 그렇다고 해서 점심을 먹지 않으면 저녁에 폭식으로 이어지는데 폭식은 염증성 장 질환을 유발하고 이런 악순환이 반복되면 상담사의 심신은 피폐해질 수밖에 없습니다.

집을 살 때 중요하게 보는 것 중 하나가 일조량입니다. 이 일조량은 집에만 중요한 것이 아닙니다. 사람도 적당량의 햇빛을 쐬어 주어야 합니다. 한국인의 80% 이상이 비타민 D 부족에 시달린다는 것을 아시나요? 비타민 D가 부족하면 면역력이 저하되고 만성 피로와 우울증을 유발합니다. 우리나라의 기후 특성상 오전 10시부터 오후 3시 사이에 2~30분 정도 햇빛을 쐬어 주어야 비타민 D 결핍을 예방할 수 있다고 합니다.

전문가들이 권장하는 식사 습관은 음식물을 최소 30번 이상 씹고 가능한 20분 이상 식사를 하는 것입니다. 이렇게 제대로 된 식사를 하고 난 후에는 햇빛을 쐬어 몸과 마음의 건강을 유지해야 업무 능률도 높일 수 있습니다.

콜센터 경영 전략가 장정빈 교수는 《고객의 경험을 디자인하라》에서 공장식 사고방식으로 콜센터를 운영하는 것을 경계해야 한다고 하였습니다. 상담사들은 정서와 휴식이 필요한 인간이지, 원료를 공급하여 시간당 일정한 개수의 물건을 만들어 내는 기계가 아니기 때문에 공장 가동과 같은 개념으로 접근해서는 안 된다는 것입니다.

콜센터 현장은 예측이 불가합니다. 저는 상담사를 대상으로 교육을 진행하면서 제시간에 맞추어 교육을 시작해 본 적이 거의 없습니다. 상담사들은 보통 교육 시작 직전까지 상담을 하다가 교육에 참석하는데 꼭 한 두 명은 교육이 시작돼도 들어오질 않기 때문입니다. 현장에 있는 운영 관리자에게 연락을 해 보면 교육에 들어오지 않은 상담사는 백이면 백 고객과의 통화가 길어져서 계속 상담을 하느라 교육 참석을 못하고 있었습니다. 이처럼 변동성 높은 콜센터는 더욱 세심하고 예민한 운영을 필요로 합니다.

　노르아드레날린형 운영을 배제하라는 것이 아니라 노르아드레날린형 운영을 해야 할 때와 상담사에게 정서적 이완이 필요한 때를 적절하게 판단해서 운영해야 한다는 뜻입니다. 경영자는 콜센터 운영을 할 때에는 상담사들의 다양한 고충을 꼭 고려해야 합니다. 애초에 적정한 상담 인원수를 계산할 때, 그 계산 안에 상담사의 정서 관리와 휴식이 충분하게 반영되어 있어야 하는 것입니다.

　'사람 귀한 줄 모른다.'라는 말이 있지요. 상담사 귀한 줄 모르는 콜센터에 귀한 상담사가 올 리가 없습니다. 설사 귀한 상담사가 온다 한들 귀한 줄 모르고 대하다가 떠나보내기 십상이지요.

　상담사가 더욱 귀하게 여겨지길 바랍니다. 팬데믹을 겪으며 달라진 현상 중 하나가 상담사들이 기침을 조금만 해도 바로 병원에 가보길 권하는 것입니다. 하지만 스트레스로 인해 상담사의 마음이 아파서 나타나는 증상에 대해서는 여전히 무감각합니다. 경영자와 회사는 상담사가 받는 스트레스가 눈에 보이지 않는다고 해서 모른 척하면 안 됩니다. 상담사의 마음을 관리하는 데에 가장 먼저 투자를 해야 합니다. 이러한 투자는 상담사의 몸과 마음을 건강하게 하고 이는 상담사의 상담 능력을 향상시켜서 탄탄한 조직 문화를 갖춘 콜센터를 만드는 데 기초가 될 것입니다.

콜센터의 주인공

"그날의 주인공은 누구였을까?"

김관욱 교수의 콜센터 인문학 《사람입니다, 고객님》에는 구로공단 여공들의 이야기가 나옵니다.

2014년은 구로공단 조성의 근거법인 '수출산업공업단지 개발 조성법'이 제정된 지 50년이 되는 해였습니다. 2014년 9월 17일, 디지털 단지 내 한국 산업 공단에서는 구로공단 50주년을 기념하는 갖가지 행사가 개최되었고 한국의 산업 근대화를 위해 헌신한 여공들의 땀과 희생을 칭송했습니다. 이를 상징하는 조형물 '수출의 여신상'에 대한 설명도 진행되었는데 조각상 아래에는 구로공단의 주인공인 여공들의 열정과 헌신에 대한 설명이 기록되어 있습니다.

하지만 같은 날 행사장 바깥에서는 40여 명의 노동자가 '50년 전에는 공순이 인생, 50년 후에는 비정규 인생'이라고 쓴 팻말을 들고 와서 구로공단 시기 혹독했던 노동 환경이 오늘날까지 전혀 개선되지 않았음을 강조하는 항의 시위를 벌였습니다.

구로공단의 주인공이라 칭송받는 여공들이 기념식 자리에 초청받지 못하고, 오히려 팻말을 들고 시위를 해야만 했던 이유는 무엇일까요?

현재 콜센터 상담사들이 마주한 현실은 어떨까요?

콜센터만큼 행사가 많은 곳도 없습니다. 저는 오랜 시간 콜센터에 근무하면서 많은 행사를 준비하기도 하고 지켜보기도 했는데 아직도 기억에 남는 행사가 하나 있습니다. 아주 오래 전, 우수 상담사들을 축하하는 행사였는데 사내 기자들도 왔었고, 회사의 내, 외빈이 참석하는 큰 행사였습니다. 하지만 손님들의 자리를 마련하느라 정작 행사의 주인공인 상담사들의 자리는 중앙이 아닌 행사장의 저쪽 끝자락이었고 그마저도 최소 인원의 상담사만 참석하였습니다. 상담사를 위한 축하 자리였는데도 말이죠.

저는 서운한 마음을 애써 가라앉히고 사무실에 앉아 일을 하고 있었는데 전화벨이 울렸습니다. 행사를 진행하던 대리님의 전화였고, 행사장 현장 사진을 찍어야 하는데 박수 쳐 줄 사람이 필요하다며 상담사들 몇 명과 함께 행사장으로 와 달라고 했습니다.

불편한 마음을 꾹 누르고 몇 명의 상담사들에게 "오늘 ○○ 씨 상 받는데 우리 같이 가서 축하해 주자."라며 상담사들과 함께 행사장으로 향했습니다. 그런데 저쪽 행사장 입구에서 아까 통화했던 대리님이 큰 소리로 외치기를 "빨리 와서 빈 데 좀 채워 주세요!"라고 하는 게 아니겠어요? 저는 그 상황이 너무 부끄러워서 같이 갔던 상담사들과 눈을 마주치지 못했습니다. 그날의 민망함과 미안함은 꽤 오래갔었고 아직도 저에겐 잊히지 않는 순간 중 하나입니다.

저는 그날, "대리님! 빈 데를 채우라뇨? 아니 콜센터 행사에 상담사들은 빼놓고 이제 와서 사진 찍는데 휑하니까 빈자리 채우라는 게 말이 됩니까?"라고 말하지 못한 것을 수년이 지난 지금까지도 후회합니다. 구로공단 50주년 행사 이야기를 읽으면서 속상했던 그날의 기억이 떠오른 건, 콜센터 행사에 상담사가 주인공이 아니었던 그 일이 오버랩되었기 때문입니다.

최근 몇 년간 콜센터의 AI 상담에 대한 관심이 높아지고 있습니다. 저도 관련 교육과 콘퍼런스에 참석하여 콜센터의 변화에 대해 인지하고 그 내용을 상담사들과 공유하고 있습니다. 하지만 이런 변화를 인지하면서 점점 우려되는 부분이 있는데 바로 상담사의 가치입니다. 기계가 대체하는 것은 상담사 업무의 일부일 뿐이지 상담사의 본질을 대체하는 것은 아닌데 숫자로만 콜센터의 효율을 평가하면서 '기계의 시간'과 '상담사의 시간'을 동일하게 보려고 하는 것은 아닌지 우려가 됩니다. 경영자는 기계로 대체할 수 있는 영역과 그렇지 않은 영역이 존재함을 분명히 인식하고 꼭 구분해야 합니다.

상담사는 사람입니다. 버튼을 누르면 스크립트를 읽어 주는 기계가 아니라 업무를 숙지하고 감정을 담아 고객에게 회사를 대표해서 고객의 문제를 상담해 주는 전문가임을 잊지 말아야 합니다. 콜센터 상담사가 쓴 《믿을 수 없게 시끄럽고 참을 수 없게 억지스러운》에서 이러한 우려에 대해 아래와 같이 이야기하였습니다.

"상담사들은 회사에서 시키는 대로, 스크립트대로, 언제나 고객을 중심으로 대화하는 법을 익힌다. 그래서 갈수록 자신을 주어로 삼은 문장을 만드는 걸 힘들어하게 된다. 나는 무엇을 원한다, 나는 이렇게 생각한다, 나는 어떤 기분이다, 이렇게 말하는 것이 갈수록 힘들어진다.

이런 상태가 계속되면 깊은 우울감에 빠지기도 한다. 그리고 무슨 일에서건 자책하게 되는 경우도 많다. 이런 감정을 이겨 내지 못하는 내가 잘못된 것인가, 다른 사람들은 다 잘 사는 것 같은데 왜 나는 그렇게 못할까, 이런 식으로 좋지 않은 감정들이 연쇄반응을 몰고 온다."

상담사들이 우울증에 빠지지 않고 전문가로서 주체성을 가지고 상담하기 위해서 콜센터는 그 어떤 조직보다도 분위기가 살아 있어야 하는 곳입니다.

하지만 콜센터의 공간을 한번 떠올려 보세요. 획일적인 11자형 좌석 배치와 촘촘한 상담 부스는 보기만 해도 숨이 막힙니다. 상담사가 이동하기 위해 일어서면 뒷자리에 앉은 상담사의 의자를 건드릴 수밖에 없고, 바로 옆 상담사의 목소리가 너무 가까이 들려서 머리가 아프다는 상담사들의 하소연은 어느 한두 군데 콜센터 이야기가 아닙니다. 상황이 이러하니 살아 있는 분위기를 만들기는 너무 어렵습니다.

상담 부스만 설치했다고 해서 콜센터가 되는 것은 아닙니다. 그 공간 안에서 상담사들이 서로의 경험에 대해 이야기 나누고 동료애를 느끼며 그 과정을 통해 감정 관리가 되어야 합니다. 고객상담은 상담사의 감정에 따라 품질이 좌우되는 노동이므로 AI가 대체할 수 있는 단순 노동과 구분하여 관리되어야 합니다. 상담사의 가치를 중요하게 생각하지 않고 상담사의 마음 관리를 소홀히 한다면 상담사는 '대인 접촉 과잉 증후군'에 빠질 수밖에 없고 이렇게 쌓인 정신적, 신체적 피로는 상담 품질을 떨어뜨리는 결과를 가져옵니다. 그러므로 상담사에 대한 정기적인 스트레스 관리는 기본이고, 그에 앞서 상담사의 가치가 훼손되지 않도록 경영자의 적극적인 지원이 필요합니다.

"회사가 상담사를 소모품으로만 생각하는 것 같아요."라고 말했던 상담사가 생각납니다. 그 상담사는 저에게 그 말을 하며 화를 내지도 않았고 슬퍼하지도 않았습니다. 오히려 무표정한 얼굴로 말했기 때문에 그렇게 오랜 시간이 지났어도 제 마음에 콕 박혀 있는 것 같습니다. 콜센터의 효율성을 높이겠다며 일분일초 상담사의 시간만 들여다보는 것은 결코 올바른 해결책이 아닙니다. 상담사에 대한 이해가 필요합니다. 상담사가 자신을 '콜센터의 주인공'이라고 느끼며 주체성을 가지고 일할 때 콜센터의 효율성은 극대화될 것입니다.

오늘도 가쁜 숨을 몰아쉬며 콜센터 현장을 지키고 있는 상담사와 중간 관리자가 경영자들에게 진정한 '콜센터의 주인공'으로 인정받기를 진심으로 바랍니다.

마치며

　코로나-19 발병 초기, 콜센터 상담사 중에 확진자가 무더기로 발생하자 자극적인 부분만 강조한 기사들로 언론이 도배되었던 그때가 생각납니다.
　왜곡되고 근거가 부족한 기사들이 넘쳐나고 소비되었을 뿐, 진정성을 가지고 접근하거나 건설적인 대안을 제시하는 기사는 찾아보기 힘들었지요. 그로 인해 콜센터 상담사들의 사기는 점점 떨어지고 위축된 마음은 상처로 남았습니다.
　아직도 그때 느꼈던 좌절감이 생생합니다.

　흥미만 자극하는 겉핥기식의 글을 쓰지 않겠다는 다짐이 잘 지켜졌는지 모르겠습니다. 콜센터와 콜센터 현장의 동료들을 진심으로 사랑하기에 더욱 조심스럽게 글을 썼습니다.
　책에 담긴 수많은 시간들을 함께해 온 동료들에게 감사합니다.
　또한 기꺼이 설문에 응해 준 분들에게도 진심으로 감사드리고, 오늘도 감정 노동의 끝판왕을 경험하고 있는 콜센터 현장의 모든 이들을 위로하고 응원합니다.

　감사합니다.

참고문헌

1. 김이래 기자, "초개인화 시대, 기업의 방향 제시" 제18회 KCCM 컨퍼런스 성료, 프라임경제, 2019.05.17. http://www.newsprime.co.kr/news/article/?no=460081
2. KMAC 《콜센터 서비스 품질 2020 전략보고서 3호》, KMAC, 7쪽.
3. 김주환, 《회복탄력성》, 위즈덤하우스, 2011년, 187~190쪽.
4. https://en.wikipedia.org/wiki/harry_Harlow, 해리 할로우.
5. 콜센터 상담사 인식도 조사_2023_송혜은.
6. 오비디우스, 《변신이야기》, 열린책들, 2018, 이종인 옮김, 286쪽.
7. 애덤그랜트 《오리지널스》, 한국경제신문, 2016, 홍지수 옮김, 392~394쪽.
8. 사무금융 우분투 재단, "콜센터 노동자에 대한 인식조사(2021)", https://blog.naver.com/samubc/222801983280
9. 전중환, 《진화한 마음》, 휴머니스트출판그룹, 2019, 201쪽.
10. 마이클하얏트, 《초생산성》, 로크미디어, 2021, 정아영 옮김, 245쪽.
11. 다양한 의자병 질환과 예방 및 극복 방법.
12. 유튜브, 〈조승연의 탐구생활〉, 강대국을 만드는 통계의 역사, 2020.7.21.
12. 자히라 제서, The Real Value of Middle Managers, 2021.7.13.
13. 에이미 애드먼슨 ,《두려움 없는 조직》, 다산북스, 2019, 최윤영 옮김, 320쪽.
14. 최인철, 《아주 보통의 행복》, 21세기북스, 2021, 73쪽.
15. Zendesk, 2022 고객 경험 트렌드_3장. 성장의 걸림돌이 되는 고객 서비스 함정.
16. 제임스 W. 페니 베이커, 《단어의 사생활》, 사이, 2016, 김아영 옮김, 320쪽.
17. 114 홈페이지.
18. GS칼텍스 미디어 허브 홈페이지.
19. 콜센터상담원, 《믿을 수 없게 시끄럽고 참을 수 없게 억지스러운》, 코난북스, 2021, 88쪽.
20. 안전보건공단 홈페이지.
21. tvN, 〈유퀴즈 온 더 블록〉, 106화 'N주년'
22. SBS, 〈대한민국 아이디어리그〉, 4회
23. 가바사와 시온, 《당신의 뇌는 최적화를 원한다》, 쌤앤파커스, 2013, 오시연 옮김, 80쪽, 131쪽.
24. 장정빈, 《고객의 경험을 디자인하라》, 올림, 2007, 47쪽, 51쪽.
25. 김관욱, 《콜센터 인문학_사람입니다, 고객님》, 창비, 2022, 19쪽.